脱「学校」論

誰も取り残されない教育をつくる

白井智子

序章

0

「学校」の外側から考える、誰も取り残されない教育のかたち

なぜ既存の「学校」から「脱」すべきなのか？

「脱『学校』論」という挑戦的なこの本のタイトルを見て、もしかしたらムッとしたり、不安になったり、自分が取り組んでいることを否定されたと感じたり、そんな気分になった方もいらっしゃるかもしれません。そして、それは「学校」というものに、小さくない問題意識や思いを持っておられることの裏返しだと思います――場合によっては、子どもやその親、あるいは教師といった「当事者」として。

最初にお伝えしておきたいのですが、私は何もそうした「学校」に思いを持っているみなさんを糾弾したいわけでは決してありません。むしろ、みなさんの力をお借りしながら、誰も取り残されない教育をつくっていきたいと、強く思っています。だからこそ、既存の「学校」というシステムの抱える問題点から「脱」すべきなのではないか、そして誰もが持って生まれた才能や情熱を解き放てるような教育をつくりたい。そんな思いをタイトルに込めました。

みなさんは「学校」というものにどんなイメージを抱いていますか？

子どもたちが社会で自立して生きるための準備をする場所――それが「学校」というものの一般的な理解だと思います。この「学校」について、人によってさまざまな思い出があるはずです。世界中どこに行っても、私が「学校をつくる仕事をしています」と言うと、皆が学生時代の思い出や学校への思い、課題などをブワーッと話し出す。誰もが通ってきた道として一家言あるのが「学校」というテーマのようです。

一方で、今の学校システムの根っこの部分に問題があると考えている人はまだ少ないようです。たしかに今の学校には問題があり、改革が必要だと考えている人は少なくありません。ただ、当事者である子どもを含め、世の中のほとんどの人が「学校は必ず行くべきところだ」「学校に行けない子ども、行かせられない親に何かしらの問題がある」と考えているらしい、というのが私自身の印象です。

しかし、私は必ずしもそう考えません。

まず何度でも強調したいのが、2017年に、不登校の子どもの学校外での学びを支援することを明記した「教育機会確保法」(通称)が施行されてから、「学校」は「行かなければならない場所」ではなくなった、ということです。しかし、私も制定に関わったこの法律が施行されてから7年が経《た》つ2024年現在でも、子どもたちや親御さん、そして先生たちですら、多くの人々がいまだに学校を「行かなければならない場所」として捉えており、その誤解がたくさんの不幸を生み続けている。この現状を変えたいという思いは、私がこの本を書こうと思った大きな動機の一つであり、本の中でも繰り返し触れていくつもりです。

誤解を恐れずに言えば、私は現状の「学校」という装置には、ほとんど期待を持てなくなってしまいました。現代日本の学校の多く、特に公教育の機関は、そこに適応することが難しい多くの子どもたちの可能性を潰《つぶ》し、一人一人が持つ価値を貶《おとし》めている。一人一人に対応できていない公教育を補完するための塾に通うにも、私学や海外の学校でイノベーティブな教育を受けるにも、親の教育への関心、情報にアクセスする力、そして財力が必要で、それが得られない子どもとの格差が広がっている。まさに「親ガチャ」の世界です――その結果の一つとして、第一章で詳しくご説明するように不登校29万人、長期欠席まで合わせると46万人と、子どもが学校に行けなくなっている。残念ながら、それが現状についての私の見立てです。

学校の外側にも「新しい学びの場」という選択肢を

私は決して「いまの学校教育に関わる人々の熱意や能力が足りない」と言いたいわけではありません。むしろ日々さまざまな現場の教員の方々とも接する中で、教員のみなさんの多くは、悪化する環境の中でも必死にもがいていることをひしひしと感じます。熱意にあふれ、優秀な教員のみなさんに、たくさんお会いしてきました。にもかかわらず、いまのこの国の「学校」というシステムは、子どもたちを狭い檻《おり》に閉じ込める装置になってしまっている。そして、たくさんの教員のみなさんがそのことをわかっていながらも止められず、悔しい思いをしています。

また、一人一人の先生は善良なのに、〝教員集団〟となると、一般社会では到底ありえないような判断が当たり前のように行われるのは、さまざまな学校の不祥事の報道で日々接している通りです。結果として、心ある先生方の心が折れ、次々に学校現場を後にしていく。教員を夢見ていた学生たちも、現状に触れ、「本当に教員を目指すのが良いのだろうか」と悩んでいる。

繰り返しになりますが、先生たちが悪いわけではありません。既存の「学校」という仕組みそのものが社会の変化についていけていなくて、〝無理ゲー〟になってしまっていることが背景にあると考えています。「いま、この本を書きたい」と、私が使命感ともいえる感情を抱いた根っこには、そんな危機感があります。

先回りして言えば、この本の結論は、兎にも角にも、子ども一人一人を意思がある一人の人として大切に、一人一人に人権があることを真ん中に置いた教育を実現すること。そのために、学校の外側にも「新しい学びの場」を用意すること、そして、教育に選択肢をつくるというものです。それをしないと、「誰も取り残されない教育」は、到底実現できないと思うのです。

不登校対応の話になったときに、「まず今の学校を良くすることが先だ」という議論が必ず出てくるのですが、今まさに学校に行けていない子にとって、さまざまな背景があって行きたくても行けなくなってしまった学校に、「行くか／行かないか」の選択しかないのはあまりに酷です。逆に、自分が安心安全に楽しく学べる環境と出会えれば、どんな子どもも必ず成長するということを、私は自分の目で25年間、見続けてきました。

決して過激な主張をしているつもりはありません。むしろ、約30年教育の現場に関わってきた経験から、この国の教育の土台から問い直すような改革が、それも特定の誰かを悪者にして批判するようなかたちではなく、建設的なかたちで選択肢を拡げていくことが必要だと考えた結果が、この結論です。そして私がこう考えるようになった過程と、社会に実装する新しい教育のかたちについて提案するために、この本を書くことにしました。

セーフティーネットではなくなってしまった、日本の学校教育

詳しい実態はまた本文で詳しくご紹介しますが、私がこれまで教育の現場で約30年間、そして3人の子どもの親として12年以上、日本の教育を近くで見てきた経験から言えば、日本の教育の至るところで「絶望的な事態」が起こっています。それは今に始まったことではありません。はるか昔、40年余り前の私自身の学校時代もこんな感じだったなぁ、ある意味、懐かしいなぁと思うことばかりです。

学校というブラックボックスの中で、さまざまな問題が温存され、それが長い歴史の中でいつしか絶対化してきたのです。何十年も前に大人が一方的に決めたルールが、そして公教育の仕組みが、子どもたちからさまざまな可能性を奪ってきました。

私はフリースクールの運営、ひきこもりの子どもの教育相談、被災地での子どもの居場所の開設などの経験を通し、さまざまな境遇に置かれた、多種多様な子どもたちと接してきました。その中で確信したのは、「どんな子どもでも一人残ら

ず、その子にしかない価値を持っている」ということ。字面だけだときれいごとのように見えてしまうかもしれませんが、私はこれを信ずるに足る、たくさんの光景を目にしてきました。

私たち大人の役割とは、そんな子どもたち一人一人にたくさんの愛情を注ぎ、可能性と価値を伸ばし、それぞれの子らしい輝きを放ちながら生きていけるようにサポートすることのはずです。

ただ、これも30年の関わりの中で痛感したことですが、親になれば自動的に子どもに対して健全な愛情を持てる、という前提で子育てや教育を考えることは、残念ながらできません。親といえども我が子に虐待をする可能性があることも、心が張り裂けそうになるような日々の報道の中で私たちが接している通りです。そうした環境に置かれている子どもが一定数いるのは自明だからこそ、家庭や学校の外の「セーフティーネット」が大変重要だと考えています。

本来、そうしたセーフティーネットの中心的な役割を担える可能性が最も高いのは、子ども全員が籍を置き、日中の大部分の時間を過ごす「学校」のはずです。

しかし、40万人以上が学校に行けていない現状では、子どもよりも彼らを取り巻く大人の方がずっと数としては多いにもかかわらず、セーフティーネットが一つもない、という子どもが多くいるのが現状です。

実は私は、全員が普通教育を受けられることを保障する日本の義務教育というシステムは、本来大変優れたシステムだと考えています。それによって我が国に高度成長がもたらされ、高い教育水準が保たれてきたことは、紛れもない事実です。しかしながら、現状の地球環境の急激な変化、技術革新、社会の変化に対応しているとは言い難い。子どもたちが必要としている教育内容と、実際に提供されている教育との大きなズレが生じた結果、そこに毎日通うことができない子どもたちが大量に現れ、学校がセーフティーネットとして機能しなくなったのが今の姿だと考えています。

昨今、巷《ちまた》では「多様性」や「個性」の重要性が叫ばれています。もちろん、私もこの流れには賛成です。すべての人が自分らしく生を全うできる社会をつくりたいというのは、多くの人の共通した願いだと思います。

私たち大人も多様性に富む社会の一員ですが、未来をつくっていく主たる担い手は、なんと言っても子どもたちです。それぞれがそれぞれらしく輝ける未来をつくるためには、そんな未来の主役となる子どもたち自身がお互いに「違い」を受け入れ、慈しめるように導きたいと考えています。私たちが子どもたちに伝えるべきなのは、人にはそれぞれの価値があり、その「違い」を互いに尊重し合うことの重要性であるはずです。もちろん、多様な価値観の中で価値観が違う人同士がどう共存していくのか、その方法を考え、学ぶことも含めて。

しかし、残念ながら既存の学校教育ではその重要性に向き合うことが後回しにされ、むしろ子どもたちを固定化した単一の指標で評価し、既存の〝正しさ〟の中に押し込め、ときには人格否定すらしてきました。「人格否定」は言い過ぎかと思われるかもしれませんが、その実態については第一章で詳しくご説明します。

「第三の場所」をつくる——新しい価値観の「学校」づくりのために

既存の学校システムは、限界に近づいています。そのことを示すように、「システムの外」に位置するフリースクールは全国的に増え続けており、私のもとに寄せられるフリースクールや子どもの居場所の創設に関する相談も、増える一方です。

しかし、いやだからこそ、ただ絶望だけしているわけにはいきません。むしろこの破綻に近づいている教育を、何とかして良い方向へと方向転換していきたい。

実は30年前から主張していることはほとんど変わっていないのですが、学校に行けない小中学生が40万人以上に達し、今までよりも多くの人が学校教育の課題に気づき始めているように感じます。皮肉なことですが、コロナ禍で大批判され、それによって不登校が激増したとも言われている2020年春の「一斉休校」を経て、「自分にはどうしようもない理由で学校に行けない状況の子どもたちがいる」ということが今までよりも社会に理解されやすくなった、というのが私自身の実感です。今まで学校や社会の中で当たり前に行われてきた子どもの人権侵害についても、メディアなどの力でようやく問題として表面化し、改革の流れが出てきたことで、私自身も背中を後押しされたような気持ちになりましたし、そのことが発するメッセージは子どもたちにもじわじわと届いていると感じます。

本書を通して提案したいのは、日本の教育を明るく楽しく幸せなかたちに変えていくための道筋です。いまの日本の学校教育の抱える問題点、そしてその足りない部分を補完する新たな教育システムの構想を、提案したいと思っています。従来、教育の現場は学校か家庭かに限定されてきました。そして、特に子どもに問題が起こった際に、教育の「責任」を、学校と家庭が互いに押しつけあう側面も見られました。

そこで提言したいのが、いま教育を変えるために必要なのは、学校でも家庭でもない「第三の場所」なのではないか、ということ。

カギとなるのは、本書のタイトルにも掲げている「脱『学校』」というキーワードです。もちろん、これはあくまでも比喩で、学校制度をなくしてしまうべき、と言っているわけではありません。現状の教育の絶望的な状況をつくっている、既存の「学校」のシステムや価値観から脱し、新たな価値観の「学校」をつくっていくべきだという考えを示しているのです。

「フリースクール」から始まった、激動の30年間

そう考えるようになったのは、他の誰でもない、私自身の経験を通してのことです。私は約30年前、大学を卒業したあと、松下政経塾に進み、１９９９年に沖縄にフリースクールをつくりました。まだ「フリースクール」という言葉すら世間に認知されていない、いや、そもそも存在そのものを否定されていた頃のことです。立ち上げから学校運営に至るまで、沖縄で過ごした時間はまさに「激動」と形容するにふさわしいものでした。

しかし、沖縄のフリースクールで過ごした時間が、そしてそこでの出会いが、私の人生を大きく動かしたのです。そこには、全国各地から１３０人の生徒が集まっていました。学校教育で傷ついたり、何かしらの問題を抱えていたりして、半ば追いやられるようにやってきた子どもたちも多くいました。私に「どんな子どもにも大きな可能性と価値があること」を確信させてくれたのは、沖縄のフリースクールに集まり、目覚ましい成長を目の前で見せてくれた彼らです（このときの教え子たちがどんな子たちだったか、そしていまどんな大人に成長しているの

かは、本書の中で繰り返し紹介していきます）。

沖縄で2年半の校長生活を終えた私は、拠点を大阪に移し「不登校専門の家庭教師」を始めました。ほどなくして当時池田市長を務めていた倉田薫さんに呼ばれ、「私の補佐官として、不登校の子どもを救うためのサポートをしてほしい」と言われたのです。いわゆる教育に関しての相談相手のような立ち位置を想定してのオファーだったと思うのですが、私は役所の中ではなく、「現場」で子どもたちをサポートしたいと思いました。そんな考えを伝えると、「それなら、いま廃止が検討されている施設を活用してフリースクールをつくったらいい」と。そうして、「池田市立山の家」という社会教育施設を活用し、２００３年から池田市で日本初となる公設民営型のフリースクール、スマイルファクトリーを始めたのです。

ここでの経験が私に「誰も取り残されない教育は実現できるはず」という確信をくれました。沖縄のフリースクールは、寮費含め年間１３０万円ほどの費用がかかり、実態としては「すべての人を受け入れること」はできていませんでした。

しかし、池田市の公設民営型フリースクールでは、市内の子どもだけとはいえ無料で受け入れることができたのです（市外から通う子どもは有料だったので、たくさんのご家庭が池田市内に引っ越してきました）。

ただ、そうすると、今度は新規の入室を求めて常に入学待ちの子どもが出る事態になってしまい、「求める子ども全てに機会を提供したい」という闘いがここから始まりました。誰も取り残されない教育を実現したいと強く思うようになったのは、主にこの経験からです。

池田市のフリースクールはモデルケースの一つとなり、不登校の児童生徒に対する教育の機会の確保に関する基本理念や国・地方公共団体の責務などを規定した「教育機会確保法」の成立へとつながっています。

こうしてその後も政経塾時代から約30年、教育の「現場」に立ち続けてきました。その過程には数々の失敗もありました。順風満帆という言葉とは真逆、逆風にさらされっぱなしの道のりに、「その経歴でそのキャリアをなぜ選んだの？もっと稼げる、安定した道があったでしょうに」と何百回聞かれたかわかりません。

しかし、子どもたちとの出会いは、世界の他の誰も経験していない、私にしか生きられない人生を与えてくれました。これまでの経験から得られた、具体性と実現可能性を伴う提案を、この本に込めたいと思います。いま子育てに悩むみなさん、そして現場で子どもたちのために闘っている教育関係者のみなさんにとって、何か少しでもヒントになることがあれば嬉《うれ》しいです。

第一章

1

なぜ「学校」は機能しなくなったのか？いま「脱『学校』」が必要な理由

本書のゴールは、誰も取り残さない教育をつくるため、既存の「学校」というシステムの問題点を乗り越える、新たな教育のかたちの具体的な構想を提案することです。第一章ではその前提として、既存の「学校」というシステムに対して私が感じている問題意識を、詳しくお伝えしようと思います。

ただ、こう述べても現代の学校にあまり関わる機会のない方には、私の危機感がピンとこないかもしれません。というわけで、まずは手始めに、学校教育の現状を端的に表しているエピソードをご紹介しましょう。

子どもの可能性を削ぐ、「とめ・はね・はらい」への執着

みなさんは「書字障害」をご存知ですか？ 知的発達には大きな遅れがないにもかかわらず、文字がうまく書けなかったり、書いてある文字をそのまま書き写すことができなかったりと、「書く」能力に問題がある学習障害のことです。書字障害のある子どもの多くは、それらしい字は書けるのだけれど、とめ・はね・はらいといった細かな部分まで全部再現することはとても難しい。

ところが、現代の一般的な公教育の場では、書字障害のある子どもであっても、全員が細部に至るまで完璧に書くことを要求され、何十回と練習を繰り返させられています。繰り返しますが、書字障害のある子どもは、本人がいくら書けるようになることを願い、いくら長い時間をかけて練習しても、障害のない子どもと同じように書けるようにはなりません。点が一つ足りないまま、何時間もかけて20回ずつ書いた字に、全部バツがつけられて返ってくる。こうした「指導」を重ねた結果、その子どもの心は、ついには折れ、字を書くことそのものに拒否感を持ってしまう。現在の学校では、字を書くことを拒否することはそのまま学習を拒否することと同義になります。最初は字を書くことや勉強することに憧れて学校に入学してきたのに、そんな悲しい目に遭って学習への意欲を失ってしまった子どもたちに、私は何人も出会ってきました。

もちろん、「正しい漢字」を学ぶことの意味はあります。でも、それがどうしても難しい子どもについては、実際に使用する場面においては、読む人に伝わりさえすればそれでいい、という扱いにできないでしょうか。そもそも多くの人々にとって、パソコンやスマートフォンを使わずに手書きで漢字を書く機会さえ、かなり減ってきています。私自身、住所と名前を書く以外に字を書く機会がほとんどなくなってしまったので、いざ書くとなると簡単な漢字が思い出せない、なんてしょっちゅうです。

それでも私たちの多くは、特に大きな問題はなく、社会生活を送ることができています。それどころか、書字障害を持っている子に、「タブレットやパソコンを使ったらいいよ」と言ってツールを渡してみると、それまで「勉強ができない」と周りも本人も思い込んでいた子どもの中に実はとてつもなく高い能力が眠っていた……という場面に立ち会ったことは一度や二度ではありません。

それなのに、いまの学校教育では、「はねがない」もしくは「とめができていない」漢字は減点の対象になり、「書けない子」は「できない子」とみなされてしまう。これはまさに、子どもたちの可能性を潰し、一人一人が持っているはずの価値を貶めている事例と言えるでしょう。画一的な指導のもとで「ペーパーテストで点数を取ること」が価値の最上位に来るという教育のかたちが、子どもの可能性を削《そ》いでしまっているのです。

この「とめ・はね・はらい」は一例にすぎません。今日の公教育では、何十年も前に定められた形式を守ることが優先され、実際に子どもたちがその可能性を伸ばし、社会を生きていく知恵やマインド、スキルを身につけることが大切にされていません。現在の学校では、「正しい答え」を教師が教えた通りに正確に覚える子どもが「優等生」とされて褒められます。それができない子やそれに対して疑いを持つ子は「問題児」と簡単に決めつけられてきました。このような環境では、子どもたちは自分で物事を考えたり、決めたりすることを学ぶことが難しくなります。自分の心の声を隠してただ指示されたことをこなすだけの方が、目立たず、嫌な思いをせずに過ごせると無意識に学びとってしまっているからです。その結果として、子どもたちは学校を通じて本当に必要なことを学ぶ機会を奪われ、そして学ぶことの楽しさに触れる機会も奪われてしまっています。

それで学校を卒業して企業に入って、突然「自分の頭で考えろ」と言われても、何をどうしたらいいか、途方に暮れてしまう。多くの企業で求めている人材と実際に出会える人材にミスマッチが起こっていることにも、こういう背景があると思っています。

「塾頼み」の公教育が広げる教育格差

このような「学ぶ」楽しさに触れられない学校の現状は、教育の現場がいま置かれてしまっている厳しい環境の結果として生み出されたものでもあります。

これは私が一人の母親として直面した「実体験」です。我が子が中学2年生になり、授業参観に参加したときのこと。「ママ友」の一人からLINEが入り、「ちょっとうちのクラスに来て！　すごいことになっている」と、私を呼ぶのです。そうして、その友人のお子さんが在籍しているクラスの授業を覗《のぞ》いてみると、そこでは数学の授業が行われている……はずでした。

しかしそこで私たちが目にしたのは、30人から40人ほどの生徒たちが黙々と紙にプリントされた問題を解いている姿でした。そして、3人の先生がうろうろと巡回する……。これがこの教室での「授業」でした。そして保護者はその光景を遠巻きに眺める「授業参観」をすることになりました。百歩譲って、せめてどの単元の学習かだけでも黒板に書いておいてくれればと思いましたが、それすらありません。「個別指導塾の劣化版を見せられてるのかな……？」というのが、正直な私の感想でした。保護者は、しんと静まりかえる教室で、プリントに黙々と向き合う生徒たちと、その間を歩き回る先生方の姿を見つめるしかなかったのです。私がその教室に到着したとき、保護者は私と私を呼んだ友人含め3人しかいませんでした。もともと、中学校の授業参観にはそこまでたくさんの親が来るわけではありません。しかし、それでも3人は少ない。おそらく私がその教室に到着するまでに、その〝授業〟の内容を見て、帰ってしまった保護者の方々もいたのだろうと思います。

最初は「保護者をなめているのか？」と思いました。しかし、すぐに「先生たちを責めることもできない」と思い直しました。30～40人のクラスで、全員が同じスピードで同じ教え方で理解ができるような、そんな授業を展開すること自体が無理な話なのですから。現状の授業システムの限界については、この本の中でも追って詳しく書いていきますが、先生たちも限界を感じているからこそ、授業参観の際にも、「プリント学習」を実施するしかなかったのかもしれない。言うなれば、この授業参観は現状のシステムの中、個人の力ではどうすることもできない先生方のＳＯＳだったのかも――そんなことを感じました。

とはいえ、この授業参観で感じた違和感を先生に伝えないわけにもいきません。担任の先生との個人懇談の際に、一人の親として抱いた感想を伝えたことがあります。その際、先生は「お母さん、この学校の学力レベルはそれなりに高いんですよ」とおっしゃって、納得がいってないこと丸出しの私の顔をちらっと見たあと、慌ててこう付け加えました。「もちろん、塾のおかげですけどね！」。塾の存在がなければ、一人一人の生徒が十分な学びを得ることはできないと、先生自身も理解していることをそこで知りました。

しかしすべての家庭に、塾に通わせる経済的な余裕があるわけではありません。子どもを塾に通わせたいのだけれど、その費用を十分には捻出できず、歯がゆい思いをされている親御さんもいらっしゃるでしょう。我が家も、子ども３人が行きたい塾や習いごと、全てさせたら月に数十万円の出費になります。厳選せざるを得ません。

公教育が正常に機能していれば、塾は学力を向上させるための補完的な要素として機能します。しかし、現状そうはなっていない。公教育が担うべき本来の役割の一つは、格差の再生産を止めることだと思っています。すべての子どもたちが生まれた家庭の貧富を問わずのびのびと学び、やがては「生まれた環境の差」を乗り越えることができるようにする――現在の公教育はその役割を果たせていません。それどころか、公教育の貧しい現状が、社会的格差の固定化に寄与してしまっていると、私は考えています。

「学校教育」にひそむ人権侵害

そして今日の公教育は「学びの場」として多くの子どもを取り残しているだけでなく、子どもたちの心の成長を見守る環境としても崩壊しているケースが多発しています。

これはある地方都市の公立中学校、それもその学校に通うために家族ごと引っ越してくるくらい評判のいい学校で実際に起こった――実は他でもない、私の息子の話なのですが、すでに成人した本人の了解を得た上で、事の顛末《てんまつ》を記します。

　息子が中学3年生になってしばらく経った頃のことです。コロナ禍での1ヶ月あまりの一斉休校が明け、学校が再開したのちもなんだか表情が暗く、学校へ行きたくなさそうな様子が続いていました。ある日彼は学校に出かけたと思ったら10分後に帰ってきて、真っ青な顔で「校門まで行ったけど、死にたい気持ちになったから帰ってきた」と言うのです。何が起きたのかと問うて初めて、その学校で、新年度になるたびに、全学年に対してまるで軍事教練のような授業が続けられてきたということを知りました。毎年、体育の時間は新学期が始まって10時間、準備体操と行進だけを練習させる授業が行われていたのです。そこでは、足並みが揃《そろ》っていないことはもちろんのこと、「振り上げる腕の角度が不十分」「指の第二関節が曲がっている」と生徒に罵声を浴びせ、「連帯責任」の名のもと、全体にやり直しを課していました。1年生のときも、2年生のときも、きっちり10時間ずつ、行われていたことを初めて知り、驚愕しました。3年生時、コロナ禍で一ヶ月あまり一斉休校になった後に再登校できるようになり、流石《さすが》にこの状況ではやらないだろうと期待していたけどまた同じことが始まったと……私はそれまでその状況に気づいてやれていなかったことを猛省しました。

まさか、そんな軍隊のような教育が、令和の時代に公立の中学校でまかり通っているなんて――私は衝撃を受けました。我が息子が、母親の私同様、いわゆるＨＳＰ（Highly Sensitive Person、周りの人の感情や気分に気づいたり影響されたりしやすく、繊細な人）と呼ばれる特徴があり、自分自身が怒鳴られなくても他者が怒鳴られるのを見ているだけでとても辛《つら》くなるタイプであることも改めて感じました。そういう人にとっては特に、合わない環境は、死に至る凶器にすら、なり得ます。

私は「死にたくなるようなところにはもう二度と行かなくていい」と息子に告げ、すぐさま私が運営していたフリースクールに通う手続きをしました。環境が変化したことで、息子はみるみる元気を取り戻していきました。「このフリースクールに出逢えていなかったらこの子はどうなっていたことか。校長先生、この学校をつくってくれてありがとうございます」とそれまで何千人もの保護者から言われてきましたが、よもや自分で自分にありがとうを言う日が来るとは想像していませんでした。

でも、私がフリースクールを運営する立場ではなく、他の選択肢も知らずに「学校に通う」ことを「当たり前」のことだと信じていて、無理に息子を学校に通わせようとしていたら……今生き生きとエンジニア養成機関に通って楽しそうに学んでいる彼の姿は見られなかったかもしれない。本当にゾッとします。

当時、校長や担任にも話を聞きに行きました。「なぜこの令和の時代にこんなことをやっているのですか？」と。学校の校長からの説明はこうでした。


「お母さんね、お気持ちはわかるのですが……体育って、ケガするんですよ」

「そうですね、わかります」

「ケガすると、学校が訴えられるんです」

「それもわかりますけど、そんなこと言ってたら何もできなくないですか？」

「その通りです、お母さん!!」

……これは話が通じないぞと、心折れる私。そこからは、校長が指示をしても教員が従うわけではないこと、教員の質が落ちていること、地域がこの教育を支持しているので変えづらいことなど、もはや校長や担任の愚痴に近いような話が続き、少なくとも我が子が通学している間は環境が変わらないことを理解せざるを得ませんでした。さらにPTA役員はどう考えているのかなと、路上で出会った際に立ち話で聞いてみたのですが「これがうちの伝統なのだ。嫌なら私学でもどこでも行けばいい」と激怒。「え？ 公立の中学ですよ？ 私学でそういう教育方針を求めて入学してきた子たちに対しての話ならまだわかるけれど……」と問うても、聞く耳持たず怒り続けているので、私も怖くなってしまって、そっとその場を離れました。

このとき感じたのは、「学校」というシステムの影響力の大きさです。私も含め、現在の親世代は、学校に適応できなければ「落ちこぼれ」「出来損ない」といった烙印《らくいん》が押される時代を生きてきました。学校という環境はいつも〝正しく〟、その環境に疑問を持つことは間違っている——多くの人が知らず知らずのうちに、そんな認識を内面化させてきたのではないでしょうか。そして、学校が行ってきた軍隊的な教育も、特に疑問を持たずに受け入れ、むしろ賞賛してきたのではないかと思うのです。

だからこそ、先のＰＴＡ役員をはじめとする大人たちは、指の第二関節が曲がっていただけで生徒たちを精神的に追い込んでしまう〝指導〟にも疑問を持たないばかりか、それを未来永劫守るべきだと主張したのでしょう。公教育による「価値観の刷り込み」が、地域に、国に、及ぼしている影響はあまりに大きい。

繰り返しになりますが、これは高度経済成長の頃の話でもなければ、バブル景気の頃の話でもありません。「ほんの数年前」、令和の話です。一般社会においては許されないような人権侵害が学校においてはなぜか容認されてしまっているのです。なぜならば、現代日本では「学校」が社会から孤立した別社会として存在しているからです。

なぜ「学校」では〝治外法権〟が許されるのか

「治外法権」という言葉が、歴史の授業で出てきたことをご記憶されているでしょうか。治外法権とは、外国籍の方が居住している国の法律に従わなくても良いとする権利のことで、1858年に江戸幕府がアメリカ政府と結んだ日米修好通商条約などに盛り込まれていました。治外法権を有する国の国民（日米修好通商条約の場合は、アメリカ人）が、日本で日本の法に触れるようなことをしてしまったとしても、日本の法律では裁けない、ということになります。

私からは、この治外法権を、現代の「学校」という空間自体が有しているように見えるのです。日本の学校の中で起こる出来事には、なぜか法律の効力が及んでいない――学校には〝治外法権〟（同然のもの）が存在する、と私は感じてきました。

「そんな馬鹿な」と思われるでしょうか。でも、私自身、実際に明らかな犯罪行為があったにもかかわらず、警察を介入させず、学校内で処理しようとした現場をフリースクールの子どもたちが体験した事例を通じていくつも知っています。みなさんもさまざまなメディアを通して、学校の〝治外法権〟を感じるニュースに触れたことがあるのではないかと思います。ニュースになるような事例は氷山の一角で、実際にはもっと身近に溢《あふ》れています。

学校に存在する治外法権の最たる例が「いじめ」でしょう。通常いじめにはなんらかの「犯罪」行為が含まれます。人を殴れば、暴行罪が適用される。誰かを物理的に傷つければ傷害罪が、あるいは精神的に傷つけてしまえば名誉毀損罪や侮辱罪が、物を盗めば窃盗罪が、危害を与えることをほのめかせば脅迫罪が適用されます……当たり前のことです。しかし、現在の学校ではその「当たり前」が通用しません。

明らかな犯罪行為が起こっているのに、学校内で解決しようとすることが、あまりにも多いように感じます。いや、解決しようとするならまだしも、当事者しかいない状況の中では結果的に解決に至らず、うやむやになってしまっていることがほとんどです。加害側はお咎《とが》めなし、あるいは形ばかりの謝罪をして楽しく学校に通い続け、被害者は不登校になり、泣き寝入り。そんな環境で、子どもたちが安心して学ぶことができるでしょうか？

先生も生徒も法律を守り、もし法に触れることがあれば、それ相応の報いを受ける。つまり、法治国家として当たり前の原則を守る。そんなことすらできていないがために、加害者が跋扈《ばっこ》し、被害者は泣き寝入りするしかない状態になっている。これが、今の教育現場で現実に起こっています。「泣き寝入りする」だけでは済まなかったケースも枚挙に暇《いとま》がありません。「犯罪」が原因となり、被害者が学校に行くことのみならず、生きることすら諦め、悲しい結末を迎えてしまった。みなさんも、さまざまなメディアを通してそんな痛ましい事件に触れたことがあるでしょう。

当然ながら、学校も社会の一部です。そこで起こった犯罪行為は、犯罪行為として対処されるべきです。

私がフリースクールで校長を務めていた際、校内で生徒のゲーム機がなくなってしまったことがありました。状況的に明らかに紛失でなく、「盗難」です。

私は警察に連絡をしました。「ちゃんと解決したいが我々には捜査権がないので捜査をしてほしい。ただし対象が未成年なので、子どもの未来にマイナスの影響ができるだけ少ないように配慮をお願いしたい」と話すと、優しそうな警察官が自転車に乗って駆けつけて来てくれました。状況の確認をしていたところ、どうしても欲望に負けてとってしまったという子がそっと名乗り出て、返してくれました。警察官とその子と私とで話をして二度としないと約束をし、そのまま警察の方は帰られました。無論保護者の方にもこういうことがあったことをご報告し、丁寧に対応していただいてありがとうございます、と感謝と労いをいただきました。

警察に連絡をした目的は、「罰を与えること」ではなく、学校側として決してうやむやにしないという姿勢を見せること、悪いことをしても見過ごされる環境をつくらないことでした。もちろん、具体的な対応方法はケースバイケースで適切に判断する必要がありますが、いずれにせよ「身内だけで秘密裏にどうにかしようとしないこと」が大切だと、この事例からも学びました。

私自身は、学校内の犯罪には第三者を介入させるべきだと考えています。最近では「スクールロイヤー」（学校内弁護士）の力を借りることも提案したりしています。スクールロイヤーとは、学校内でいじめなどの問題が起きた際に、学校に派遣され、学校・教育委員会・学校法人に対してさまざまな問題について助言・アドバイスをする弁護士のこと。生徒たちにも、保護者たちにも、事前に「何かあれば第三者を介入させる用意があること」を伝えておくことが無用なトラブルの防止になり得ます。

繰り返しになりますが、何よりも重要なのは事態を「なあなあ」にしないこと。なあなあにすることが加害者を助長させ、被害者を苦しめ、そして無秩序を生むことにつながるのです。被害者が学校に行けなくなり、加害者がのうのうと学校に通い続け、二次加害を続けているケースがどれほど多いことか。先生と生徒双方が当たり前に法律を守ること。たったこれだけで、学校の環境は大きく変わるはず。もしかしたら、これを徹底するだけで、不登校の数が半減するのではないかとすら、私は考えています。

「思考停止」の「学校」が、子どもたちの可能性を奪う

ここまで既存の学校教育の課題を端的に表す事例を、いくつかご紹介しました。これらの事例に通底している問題は、大人が子どもの個性や人権を認めないこと、もっと言うと、学校がかたちづくる価値観にハマらない子どもたちを矯正し、変えようと頑張りすぎていることだと思います。これが「周りと違うこと」を尊重できない子どもを増やす大きな原因になっているのではないかと思うのです。

自分が受けた教育や、自分が正しいと思っているやり方、考え方を子どもに押し付けるタイプの先生は、その〝正しさ〟から外れると、自分がいかに子どもに大きな権力と見えているかということにも自覚なく、子どもを否定し、怒鳴りつけ、罰を与える。子どもたちは「周りと違うことはいけないことだ」という意識を植え付けられ、それが子どもたちの個性を壊し、自己肯定感の低下につながる。さまざまなルール、そしてそれを生み出す大人たちが、子どもたちを狭い〝箱〟

の中に閉じ込めてしまう。昔から現在に至るまで、教育に関わる者として、そして3人の子どもの母親としても、大人が子どもたちの成長を阻害する場面を、本当に嫌になるほど見てきました。

もっと言えば、大人たちは子どもたちの成長を阻害するどころか、その可能性を「殺してしまっている」という可能性すらあると思います。

先ほど紹介した、書字障害を持っている子も、最初から「文字を書くことが嫌い」と感じていたわけではありません。しかし、学校でとめ・はね・はらいを完璧にマスターするために、同じ漢字を何十回も書かされ、その全てにバツをつけられる……そんな悲しい経験を毎日のように繰り返すうちに、字を書くことはおろか、「自分はどれだけ努力をしても結果が出ないのだ」といった意識を抱え込んでしまったのです（途中で気づいてその子だけやり方を変えたりしてくださる先生もいるのですが、残念ながらまだ多くはないというのが私の印象です）。

こうした悪循環が、驚くほど多くの「勉強が嫌い」な子を生み出しているのです。全員に同じやり方を押し付け、同じ枠にはめようとする。そして、その枠にはまらない子に対してはバツをつける――そんな環境で、他者との「違い」を受け入れ、楽しめる子が育てられるでしょうか？

何より、こういった教育では、学力も伸びません。30～40人のクラスで全員に対して同じやり方とスピードで同じことを教えて全員が同じように理解することなんて、原理的にできないのは明らかです。認知能力や記憶力に優れた子にとっては、授業は物足りないものになってしまい、途中でつまずいてしまった子は、わけがわからないまま、落ちこぼれの烙印を押されてしまう。これは誰にとって最適な授業なんだろう？というのを、私自身、小学校から大学に至るまで、ずっと疑問を持ちながら受け続けていました。全員が同じやり方と同じタイミングで「一」という漢字を覚えるスタイルで、30～40人全員が学ぶ喜びを味わえる授業なんて、無理ゲーです。

教育委員会が「我が市では教員向けの〝学力向上研修〟に力を入れている」と言うので、「これは何をKPIにして学力向上と言っているんでしょうか？」と問うと、ハッとされたりします。一人一人、必要な学力も違う中で、一斉学力調査の平均点の順位に一喜一憂しているだけでは、誰も取り残されない教育はいつまでたっても実現できません。それぞれの子どもに合ったやり方とスピードで、さまざまな知識を身につけていく。そういった方法を採らなければ、全員の学力を全員に合った方法で伸ばすことは不可能です。一人一人に合ったかたちで基礎学力を身につけてもらったうえで、それぞれの「得意」を伸ばしていき、自信や自己肯定感を育んでゆくことがとても大切です。

日本においては、画一的な教育が当たり前のものとされてきましたし、ほとんどの人がそういった教育を受けて育ってきました。だからこそ、「こういった教育が正しい」あるいは「教育とはこういうものだ」と思い込んでいる人が圧倒的に多い。いわば、思考停止状態にあるようにすら見えます。大人たちが思考停止状態にあるところからまず抜け出す――そこから、始めていく必要があるのかもしれません。

「学校に行かなければならない」のはなぜ？

さらに言えば、「学校に行かなければならない」という暗黙のルールの存在も、子どもたちを傷つけ、その可能性を奪っていると感じています。いじめや心身の不調など、さまざまな理由から学校に行きたくても行けない子は大勢います。「令和4年度児童生徒の問題行動・不登校等生徒指導上の諸課題に関する調査」によれば、2022年度の小・中学校における不登校の生徒数は29万9048人と、過去最多を記録しています。さらに年間30日以上学校を欠席している「長期欠席者」、たとえば「体調が悪い」と学校を休み続けている子（もちろんその中には、学校に行けない本当の理由を言えない子もいるでしょう）なども含む生徒数まで広げると、46万人ほどになります。この国の小中学生数は約900万人ですから、実際には、約3～5％の小中学生が事実上の不登校だと言える状態なのです。

国もただ手をこまねいているだけでなく、不登校の児童数に関する調査方法を見直そうとする動きも始まりました。

これまでの調査は、子どもたちが不登校になった要因を学校の先生方に尋ねる形式でした。その結果、不登校の原因の半数以上が「無気力・不安」ということにされてきたのですが、２０２４年3月に発表された「不登校の要因分析に関する調査研究」において、当事者である子どもや保護者、また子どもの診察をしている医師などの聞き取り調査を丁寧に実施した結果、不登校の原因の上位に学校原因や教師原因があることが明らかとなりました。この結果を受け、文部科学省としても今後は調査の仕方を見直す方針を明らかにしています。
「遅々として進んでいる」という印象ですが、子どもたちが日々目覚ましく成長するスピードにはまだ追いついていない、という焦りが私の中にはあります。

そしてこの本で繰り返し伝えたい重要なことについて、まだ世の中には誤解も多いので念のために付記しますが、不登校は就学義務違反ではありません。就学義務は親がこどもに教育の機会を与える義務であり、子どもに義務は課されていません。さらに２０１７年には教育機会確保法が施行され、子どもが学校を休む権利が法律に明記されていることは、国民全員に知らせるべき事実です。

「発達特性」に寄り添いきれていないという問題

多くの場合、子どもはいじめや人間関係のトラブルがきっかけとなり、学校に行けなくなってしまいます。では、学校におけるいじめやトラブルの背景には何があるのか。私はこれまでの経験から、いじめやトラブルを引き起こすのは「学力格差」と「コミュニケーション不振」だと感じています。そして、多くの場合、この2つの事象には「発達特性」がからんでいます。

2022年に文部科学省が実施した調査によると、いわゆる発達障害を持っている子どもの割合は8・8%。つまり、35人学級なら3人の子どもが〝発達障害〟を持っていることになります。この「発達障害」という言葉については、また第二章以降でも触れていきますが、私はこれを「特性」と捉えた方が、本人も周りも理解と対応がしやすいのではないかと思っています。「物事を認知する方法が、独特」であること、あるいはその「違い」に対する周囲の無理解がいじめやトラブルにつながってしまっている例は、残念ながら枚挙にいとまがありません。

そんな特性を持っている子の中には、「なぜコミュニケーションがうまくいかないのか」を自覚できていない子もいます。パニックに陥り、本人すら「学校に行きたいのに、行けない理由」を理解できていない場合も少なくないのです。そんな子どもに対しても、大人たちは「なんで学校に行かないんだ。行かないと、落ちこぼれてしまうぞ」とプレッシャーをかける。学校に行けない理由を本人に聞いても本人が一番わからない、という状況にもかかわらず、問い詰めてしまうケースは珍しくありません。

大事なのは、一人一人に寄り添いながら、それぞれの置かれた環境に光を当ててみること。そして、今置かれている教育環境とのミスマッチがどうして起こっているのか、どう環境を変えるとよいのかを考え、できるだけ早い段階で行動すること。休ませる必要がある子どもには休息を与えることが大切ですが、しんどい状況にいる子どもをほったらかしにはしない。それが、不登校になっている子どもの周囲にいる大人たちが担うべき行動です。大人が子どもたち一人一人に丁寧に寄り添えているなら、約46万人もの子どもたちが学校に行けなくなるはずがありません。

クラスという名の〝独立国家〟

しかし、「はじめに」でも触れたように、学校は〝治外法権〟を有しているのかと錯覚するような状況になっているのが現状です。先生や親は世間体を気にし、法律を犯した加害者は守られ、被害者が学校に行けなくなる。生徒たちが安心安全に学べる環境ではないと感じるのはやむをえないことです。

そして、さらに深刻なのは、「学校という場所がさまざまな問題を抱えている」という事実を、大人たちがほとんど知らない、ということです。

親でさえ、子どもたちが学校でどんな言葉をかけられ、どんなことをどんな風に学んでいるのかを、正確に知ることは難しい。学期に一度の授業参観などでしか学校に足を踏み入れることはなく、学校から届く通知表は主に数字と記号の羅列、それに短い文章。クラスが子どもにとって劣悪な環境になっていたとしても、そのことに気づくのは限られた一部の保護者のみということも珍しくありません。「学級王国」という言葉があるように、先生という〝絶対権力者〟のもと、クラスが〝独立国家〟のようになってしまい、管理職の先生や同じ学年の先生方すら〝王国〟の中で起こっていることに対して問題意識を持っていても何もできない、と聞くことも少なくありません。

子どもたち自身も、自分が過ごしている環境が抱える問題を「問題」だと認識することは非常に難しい。他を知らないし「こういうものだ」と思ってずっと通い続けているからです。たまたま、子どもが家庭で漏らした一言から大きな問題が発覚することがありますが、多くの場合、子どもたちは「ただ学校での出来事を話しただけ」。環境の異常性が、子どもたちによって「告発」されることは非常に稀《まれ》です。ずっと同質性の中で過ごしてきたクラスの課題が別の地域から来た転入生が抱いた違和感から初めて可視化されたという例も、しばしば聞く話です。

近代的な学校制度が成立した約150年前から、周囲の大人たちが踏み入れられない〝王国〟の中で、まさに「子どもだまし」ができてしまう状況がそこにあった。そして、学校の外であれば大問題になるような言葉や振る舞いが温存され続けてきたのです。

「学校」という世間の問題

「空気を読むべき」という暗黙の了解も、昭和的価値観が生む「謎ルール」の一つでしょう。忖度《そんたく》することを子どもたちに強制しているだけではなく、職員の間でもこの謎ルールは幅を利かせています。学校という異世界の中では、職歴が長く、〝声が大きい〟人たちが権力を持ち、子どもたちに寄り添い、理不尽な現状を改善しようとする先生たちは、そんな権力に屈してどんどん辞めていく状況に追い込まれていると感じます。

私は研修講師として学校に招いていただく機会が少なくありません。もちろん、私の話を熱心に聞いてくださる方もいらっしゃいますが、ベテランの先生の中には、私が会場に入る前から最前列でふんぞりかえって腕を組んで寝ている方もいらっしゃいました。「こいつの話は聞かないぞ」という強い意思表示です。そして、そういった先生ほど、学校の中では権力を持っている場合が多い。そんなベテランの先生たちからの圧の中で、理想に燃えていた若い先生方がどんどん辞めていく状況を、なんとかしたいと、ずっと思い続けています。

また、先生方が忙殺されている状況の中で、新しい法律の存在や学習指導要領の改訂などが教育現場に周知徹底されていないことも、もはや当たり前の状況になってしまっています。すでに何度か触れてきた通り、２０１７年、教育機会確保法という法律が施行されました。私も制定に携わったこの法律には、日本の法律としては初めて「学校を休む必要がある子どもたちの存在」が明記されました。それまで、国から事実上「無視されていた」不登校の子どもたちに、ようやく光が当てられたのです。そして、多様な子どもたちを受け入れる多様な教育の場を設け、各自治体と連携しながら、学びの機会を提供していかなければならないと書かれているのですが、予算がついていない理念法だという背景もあり、学校の先生ですらもこの法律の存在を知らない人が多数です。講演などで「この法律を知っていますか？」と問いかけたときに、10分の1くらいの割合の先生方がパラパラと手を挙げるのを見て思わず「ありがとうございます」とお礼を言ってしまったほど、認知度が低い。この国、法治国家でしたよね？ と問うてしまうレベルです。学校に行きたくても行けない生徒たちをいまだに「学校に来ないとお前の未来はないぞ」と追い詰める先生が後を絶たないということの背景には、この法律の認知度の低さがあります。

現場のみならず、法律を定めたはずの「お上」にすら、この法律の理念が理解されていないのではないかと感じることもあります。この教育機会確保法ができたときに国会議員を務めていた方に「へえ、そんな法律ができたんだー」と無邪気に驚かれたこともありますし、法律の原案作成の担当課長が、法律が施行されてから何年も経っているのに、「そもそも、学校には行かなければならないのだから、学校に行かない子どもが悪いだろう」という主旨の発言をし、その考えのもとに施策をつくろうとしていると伝え聞いたときは、愕然《がくぜん》とすると共に、これが現在地なのだと痛感しました。

「教育」の目的に立ち返る

ここでもう一度考えたいことは、そもそも「教育」の目的とは何か？ということです。教育ってなんで必要なんだっけ？とゼロベースで考えると、きっと一人一人、考えていることにグラデーションはあるはず。だからこそ、選択肢が必要なのです。

私自身は「教育」の目的とは、そして私の残り半生のミッションは、貧困と差別、そして戦争がない世の中を次の世代に残すことだと考えています。「現実味のない理想論だ」と思われるかもしれません。「いい大人が青臭いことを」と言う人もいるでしょう。しかし私は、「いい大人だからこそ」青臭い理想論を掲げたいと考えています。大人が理想論を捨ててしまっては、子どもたちに理想の社会を残すことに近づくことすらできません。何より、「人さらい」として一生を終える覚悟でいた状態から急転、教育機会確保法が成立、施行される流れを体験して、言い続け、やり続けていると、山が動く瞬間が突然やってくることを学びました。私は残りの人生をかけて、貧困と差別、そして戦争がない世の中にしたいと、本気で考えています。

そして、その手段として「教育」にアプローチしているのは、教育が人間の「想像力」を養い、また足りない部分を補うものだと思っているからです。昨今のさまざまな問題の根底には、違いを認めることができない、声が大きい、力が強い少数の人々が、自分自身が正しいと信じる価値観を他者に押し付け、多くの人を抑圧することがあると考えています。そしてその原因の一つに人間の想像力の不足があると感じています。特にリーダー的立場にある人が、違う価値観を持っている人、あるいは違う文化の中に生きる人たちの背景を想像し、それを尊重する力があるかどうかが、そこにいる多くの人の幸せ度に大きく関わるように思うのです。

自らの価値観を押しつけ、違う価値観を持つ相手を否定し、傷つける。その連鎖が貧困や差別、そして戦争を生んでいる。だからこそ、想像力の源泉となる「教養」を身につける必要があり、そのための機会は「教育」を通じてあらゆる子どもたちに平等に提供されるべきだと思っているのです。想像、共感をする力が乏しい特性を持っている人も一定数いるので（そしてそういう人たちは空気を読まずにリーダーになりやすい）、そのタイプの方々には丁寧にパターンで覚えてもらうことが有効だと考えています。実際、そのまま放っておいたら独裁者になりそうな、誰に対しても高圧的で刺々しい態度だった子どもにフリースクールで丁寧に寄り添う対応と指導をしていったら、とても温厚な良きリーダーに育ったという例は少なくありません。

すべての人が教養をベースにして他者を慮《おもんぱか》る力を身につけ、人の幸せも、自分の幸せも、貪欲に願えるような、そんな世の中を子どもたちには残したい。すべての人が「みんなが幸せになってほしい」と願うようになれば、戦争や貧困、あるいは差別は解決できる問題になるはず。私は教育を変えることによって「すべての人の幸せを願える」子どもを増やしていくことに、本気で挑戦したいと思っています。自分と価値観が異なる人も含め、すべての人の幸せを願うことが、結局その人一人のウェルビーイングの向上にもつながると感じるからです。

「違いを慈しむ」子どもを育てるために

教育を受け、教養を身につけていくことによって、人は自分を理解し、他者を慮る力を獲得する。教養の定義も色々あると思いますが、私自身は「人の心を慮り、理解しようとする力」「『どれだけ想像しても、人の心を完全に理解することはできない』ことを理解する力」だと考えています。それは「多様性を尊重する力」につながります。しかし、現状の教育は必ずしも、子どもたちにそうした力を身につけてもらえるかたちになっていません。

多様性を尊重する第一歩は「違いを知ること」だと考えています。言葉、考え、学び方、あるいは身体……あらゆる人には差異があることを知り、その違いを慈しむことができること、人と自分とをむやみに比べないことが、自分の幸せな人生を自分の手で創っていくための最低限のベースです。

これまで多くの子どもたちに関わって得た実感から言えば、多くの子どもは放っておくと他人と自分を比べて嫉妬してしまい、ときには自分が優位に立つために相手を陥れようとしたりすらします。もっと言えば、大人ですらそうでしょう。その負のエネルギーが、大きな社会的な損失を産み続けている。しかし、「それぞれにはそれぞれの良さがあること」「差異を尊重し合うこと」「お互いがお互いの良さを尊重してそれを伸ばし合って支え合うことが、自分も含めた全員の幸せにつながること」をみんなが実感できれば、子どもたちもそれを理解し、比較と嫉妬の壁を乗り越えられる。逆に言えば、「違いを慈しむこと」を知らない子どもたちが多いのは、その重要性を身をもって伝えている大人が少ないということ。教育の現場を含めて、「違い」を尊重することの優先順位が低いからです。

それはそうですよね。親は兄弟と自分を比べ、先生は自分のクラスと隣のクラスを比べ、教育委員会は隣の自治体と比べてその差に一喜一憂する。学校選びという自分が生きていくコミュニティを選ぶ人生の大きなターニングポイントでも、他者と比べてペーパーテストの点数が高い人が選ばれ、点数が低いと落伍者とされる。そんな環境で日々育っているのに「他者と比べない。違いが大事」と言われたって、そんなの絵空事じゃないかと思ってしまうのは当然です。

この章では、昨今の学校で起こっている、さまざまな事例と背景にある課題をご紹介しました。今のままの教育システムで「誰も取り残されない」を実現するのは、無理ゲーすぎる。まずはそう認識することが、この現状を変えていくためのスタートラインなのかもしれません。

「学校」が変わるまでの、オルタナティブな選択肢

とはいえ、「学校」をすぐに大きく変えることは至難の業、ということも、四半

世紀学校教育に関わり続けた中で痛いくらい感じています。国の仕組みを変える必要もあるので、それにはある程度の時間が必要になるでしょう。

しかし、その間も子どもは待ってくれません。どんどん成長していきます。学校というシステムが変わるまでの間、子どもやその保護者の拠り所となるオルタナティブな選択肢がいま必要です。

第二章以降で詳しく述べることになりますが、私はオルタナティブな選択肢の一つとして、フリースクールが果たす役割は大きいと考えています。先述の通り、公教育が機能不全に陥っているという認識が広がることと呼応するように、フリースクールは増え続けています。少子化の中で経営が困難になった私学や塾がフリースクールに業態変更したり、一部フリースクールの機能を持ったり、といった例は数多くあります。

とはいえ、まだまだフリースクールは一般的な存在とは言えず、「通える距離にフリースクールがない」という方も少なくないでしょう。そういった方には、どんな形態でもいい、学校に通えなくなったお子さんの「代わりの学びの場」を複数持っておくことをおすすめしています。どんな場所であれ、「居場所」を数多く

居場所の数と自己認識の関係

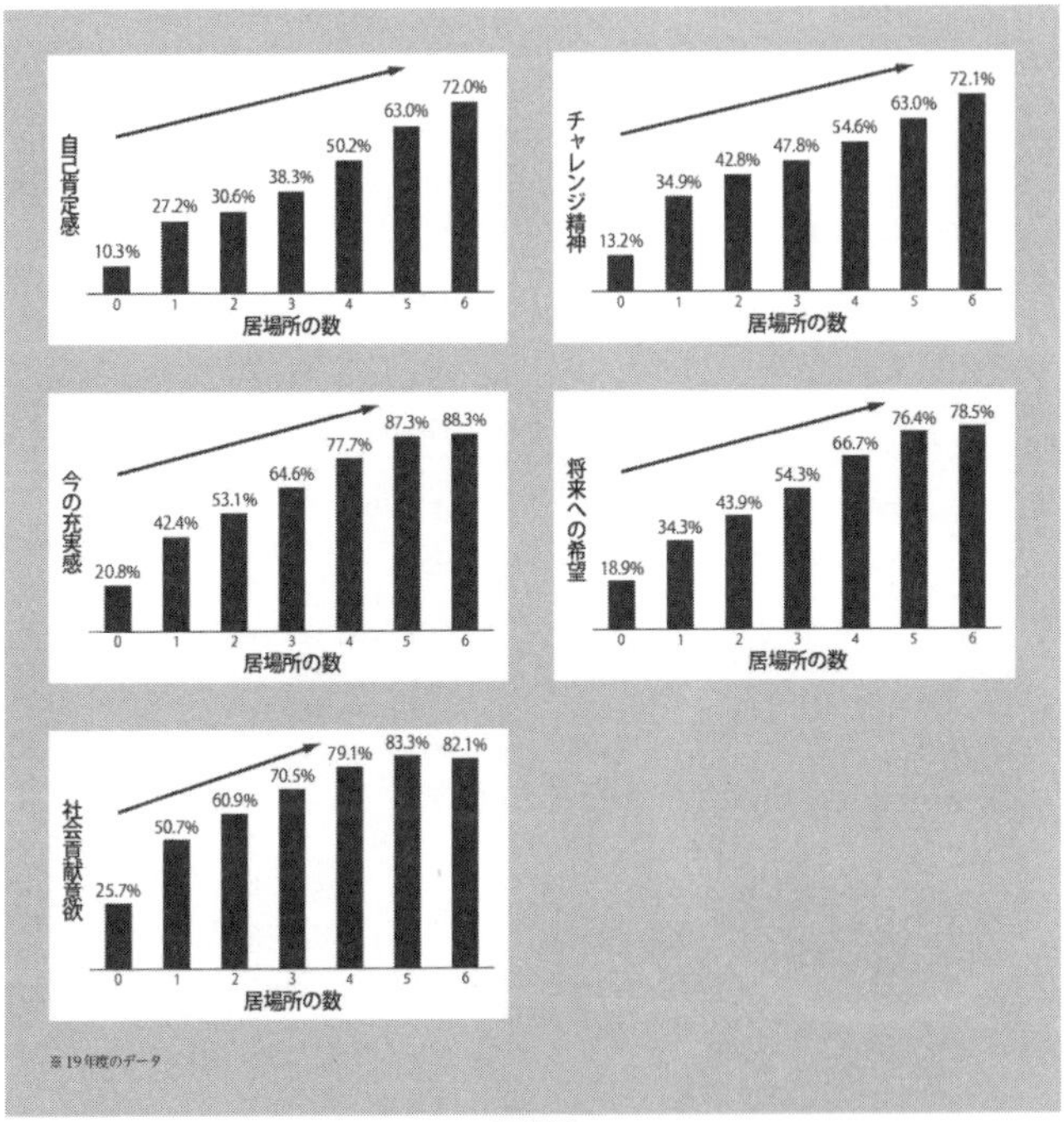

居場所（自室、家庭、学校、地域、職場、インターネット空間）の多さと
自己認識の前向きさは、概ね相関。

引用元：内閣府「令和3年版（web）子供・若者白書」

持っておくことが自己肯定感、自己有用感など、あらゆる面にとってプラスの効果があることはこども家庭庁の「こどもの居場所づくりに関する調査研究」が示す通りです（p61の図を参照）。経済的・地理的な事情でリアルな場所を探すことが難しい方や、事情あって家から出ることが難しいお子さんであれば、オンラインフリースクールという選択肢も最近はメジャーになりつつあります。地方においては、塾や習いごと、子ども食堂なども子どもたちにとって大事な居場所になっています。

新しく通うフリースクールに慣れるだけで精一杯の間は無理をさせることは禁物ですが、少し余裕が生まれて習いごとをしてみようか、塾に通ってみようか、などという相談があった場合には、「もしその場所の指導者が、子どもの特性を受け入れ、寄り添ってくれる人で、子どもにとって居心地が良い場所であれば、続けることをおすすめします。そうでなければ、執着せず辞めましょう」とお伝えしています。そういう場を複数持っておけると、子どもにとって成長の場になり、安心材料にもなりますということも。

大人でも、仕事・趣味・飲み会……と場が変わると、自分のキャラクターや個性がその場によって少しずつ変わりますよね。複数の場を持っておけることは、新しい自分の一面に出会う可能性も高めるし、何よりも、一つの場でトラブルが起こってそこに行けなくなった場合にも、他の居場所がある、という保険にもなる。

参考までに、我が家のことにも触れておきましょう。現在、小学6年生になった娘は、こんな親に育てられているだけのことはあり、学校に対して疑問を持っていることを、毎日毎日いっぱい私にぶつけてきます。違う環境も探してみようと2人でさまざまな学校を回り、実際にお子さんを通わせている親御さんにもお話を聞き回った結果、この学校に我が子を任せておけば安心、なんていう学校はないという結論に至りました。

放課後の塾でさえ、偏差値志向ではなく、探究学習を標榜《ひょうぼう》するところを回っても、子どもがスタッフに心ない言葉をかけられたり、異なる意見を持つ子が迫害されたりする現場を目撃してしまったりで、これは教育という名の虐待ではと悩み出す母を見て、娘から「もう、合うとこないからママつくってよ」と言われる始末。仕方なく、ベストではないけれどベターな選択として、その時々の学校を選び、放課後の時間や休みの日に学校でできない体験を組み合わせています。「セルフ体験学習」と称し、行けるときは私の出張に帯同したりもします。

ここに全てをお任せすればOK、という完璧な学校はない、ということに、私も親としての経験から気づきました。さまざまな手段を組み合わせながら、親と子どもが協力しながら環境を整える必要があります。3人とも今のところ、偏差値とは無縁、自分の進みたい希望の進路に進んでいますが、学校も生き物、合うと思っていた環境が急変する可能性も大いにある。今の場所が合わなくなった場合の緊急避難先も三人三通り、常に本人たちとも話し合い、見学や体験入学も済ませた上で、心の中に準備しておくようにしています。そうやって選択肢を持っておくと、子どもも親も、そして学校サイドも、何かあったときに焦らず、冷静に誠実に問題と向き合って課題解決に進むことができると気づいたのは、自分の子育てを通じて得た大きな学びでした。

こういう選択肢を持っておけることすら「親ガチャ」の世界であることに対して忸怩《じくじ》たる思いはありつつ、親としての責任を果たすには、現時点ではこの選択肢しか考えられません。それが、悔しいけれど、現在私たちが置かれている状況だと思っています。そして、その状況を変えるために、選択肢を誰にでも、という活動に取り組んでいるのです。

第二章

2

約30年にわたる
私の「脱『学校』」の軌跡

第一章では、私が既存の「学校」というシステムに対して感じている問題点について述べました。こうした疑問を感じ始めたのは、大人になってからのことではありません。自らが「教育を受ける側」だった頃から、日本の公教育に大きな疑問を感じ続けていました。エリートコースを進みながら、そこからはみ出した子どもたちの教育に行き着いたのはなぜ？とよく聞かれるのですが、そのエリートコースが本当に自分にとって居心地が悪く、生きづらさを感じ続けてきたからこそ、多様性を認める場所を求め続ける人生だったと、今はわかります。

第二章では、私がこれまでいかにして学校と関わってきて、「脱『学校』」の取り組みへと至ったのか、第一章で述べた問題意識が形づくられるようになった背景についてご説明します。

「みんな違ってみんないい」だったオーストラリア

私は父の仕事の都合で、4歳から8歳までをオーストラリアで過ごしました。当時、駐在員の子どもは日本人学校に入学することが当たり前だったのですが、体験入学の初日、仲良しだった子が壮絶ないじめを受けている場面を目にしてしまいました。ここに書くことすら憚られるような場面を目撃して大きなショックを受け、帰宅するなり母に「日本人学校には行きたくない」と言ったそうです。あまりに衝撃が大きかったので、詳しい事情すら話すことができなかったのですが、母は青ざめた顔の私を見て全てを察し、すぐに現地の学校に入学するための手続きを取ってくれました。

当時のオーストラリアには、白豪主義への反省を大きな要因として、多様性を重んじる雰囲気がありました。私が入学した現地の学校も、差異に対してかなり寛容な環境でした。先生たちもこちらが「逆差別？」と感じてしまうほど私のことをかわいがってくれたのです。仮装大会では、着物を着て行きさえすれば即優勝。クリスマス会でも、欧米人のクラスメイトたちの中で、私がマリア様の役を任され、「え、私？」と戸惑いながらも、これをあえて日本人の私がやることに意味があるんだろうと子どもながらに察したことも覚えています。オーストラリアという国、そしてその教育の現場には「みんな違ってみんないい」という空気が当たり前のようにありました。「認知の仕方、物事の学び方には違いがあって、全員が凸凹を持っていていて当たり前」。「苦手なことはお互いに補い合いながら、得意なことを伸ばしていく」——当たり前すぎて誰も言わないくらい、空気のようにその前提がありました。そして、自分の「得意」や「好き」を伸ばしていった先に職業選択があるのだということも、子どもなりに感じ取っていました。

自分の特徴を活かしながら、人の役に立てることを仕事にするという考え方を、社会が共有していたように思います。私も、誰に言われたわけでもなく、自然にそういった考え方になっていました。

「みんな同じでなくてはならない」だった日本

ところが父の駐在期間が終了し、日本に帰ってくると、学校には「みんな同じでなくてはならない」という空気が満ちていました。いわゆる「同調圧力」ですが、そんな言葉も知らない小学2年生の私は、同じ学校と言いながらオーストラリアの学校とはまったく違う、暗黒の世界に放り込まれた感覚でした。「お前、英語しゃべってみろよ」と言われ、実際にしゃべるといじめられる。ここは「みん

オーストラリアで過ごした、4歳から8歳まで

なと違うこと」が〝悪〟になってしまう世界なのか……ここまで言語化はできていませんでしたが、強烈な恐怖心を抱いたことはよく覚えています。

この時期の話をしていると、いまだに母が語りながら涙声になってしまうエピソードがあります。ある日、学校の授業で豆電球が必要になり、母に買ってもらったことがありました。私は母が買ってきた豆電球をじっと見ながら「これ、みんなと同じ豆電球かな？　同じものじゃなかったらまたいじめられる……」と言ったそうです。いまだに思い出して泣いてしまうということは、よほどショックだったのでしょう。母も、オーストラリアで過ごした4年間の影響もあり、いわゆる一般的な考えとは違う考え方をする母親でした。保護者会で忘れ物がないように親が持ち物をチェックしてと担任の先生が繰り返し言っていたときも、母は私に「忘れ物をしないことよりも、忘れ物をした人をみんなで助けること、みんなが困らないように工夫することの方がずっと大事。あの先生の言うことは話半分に聞いておけばいい」と私に言い聞かせていました。母もがきながら悩みながら、合わない環境に苦しむ私に「あなたは間違ってない」と伝えようとしてくれていたのだろうと思います。我が子のクラスメイトが弱い者いじめをしている場面に居合わせ、大げんかしていじめを止めた結果「過保護ババア」と陰で呼ばれていた母です。学校という環境の中で、いかに生き残るか——私も母も必死に闘っていたのです。

今では誰にも信じてもらえないけれど、褒められることといえば「おとなしいトモちゃん」しかなかった当時の私は、日々黙ってじっと耐えていたのですが、男の子たちに囲まれて意地悪なことを言われ続け、追い詰められた結果、ブチぎれたことが数回ありました。怒り狂って泣き叫び、誰も手がつけられない状態になった私を見て「白井が発狂した！」と男の子たちが慌てて逃げていったのを覚えています。合わない環境に置かれ続けることで、人は問題行動を起こすようになることを、私は2年生のときに自分の身をもって学びました。

しかしながら、幸か不幸か、私はいつの間にかそんな日本の学校の空気に馴染んでいました。学年の途中で転入したので、成績は当然良くなかったのですが、学年が変わって成績上位になると、急にクラス内での地位も扱いも変わるということにも、びっくりしました。幼い私は、どこかで日々強烈な違和感を感じ、同級生たちに「日本の教育はおかしい」と力説してキョトンとされながらも、〝レール〟に乗るしか道を知らなかったのです。そうして、私は日本の学校のシステムにむしろ過剰に適応するようなかたちで、東京大学の法学部に進学することになりました。

一度乗ったレールから降りる。就職活動での転機

就職活動の直前には、山一証券や大手銀行が次々と潰れ、バブル崩壊を肌で感じる時代に突入したと感じたことを覚えています。当時、東大生は自宅に送りつけられてくる辞書のような分厚い就職ガイドを見ながら、就職活動を進めていました。私もその冊子に目を通してみたのですが、具体的にどんな仕事をすることになるのかまったくイメージができませんでした。法学部だったため、親からは弁護士になることを勧められましたが、それもピンと来ていませんでした。

とはいえ、それまでレールに乗ってきた私です。ここでも「とにかく就職しなく

ては」と、いくつかの会社を受け、幸運にも集英社から内定をもらうことができました。なぜ集英社を受けたかといえば、雑誌が大好きだから。特に、マガジンハウスが刊行していた「Ｏｌｉｖｅ」の発売日に必ず書店に買いに走るような、いわゆる「オリーブ少女」だったのです。しかし、その年はマガジンハウスは新卒採用をしておらず、ちょうどその頃創刊して間もなかった「ＳＰＵＲ」の誌面の美しさに衝撃を受け、こんな雑誌を作りたいと思い集英社を受けました。

ただ、「初の東大女子」と言われて大いに歓迎されたものの、最終的には集英社には入社しませんでした。その理由は、就職活動と並行して出願していた松下政経塾に合格したからです。どちらも選べるとわかったときは、ずいぶんと悩み、政経塾と集英社の社員、どちらにも話を聞こうと考えました。そうしてたまたまツテがあった集英社の社員の方に電話で相談に乗っていただいたところ、なぜかものすごく怒っている……驚いたことに、その方は何度か松下政経塾を受けて、落ちた経験のある方だったのです。「出版社に入っても、社会を良くする働きかけはできる。でも、やっぱり売れる記事を書くことが優先される世界なんだ」と教えていただいたのは、とても響きました。「政経塾に入る権利を得たのなら、絶対に入るべき」「社会を良くしたいという意識があるんだったら、絶対に政経塾に入って実現すべき」と力説されたのですが、もしそのときに違う人に相談していたら、違う選択になっていたかもしれません。東大の同級生たちには、「松下政経塾なんて、就職ガイドに載ってなかったぞ!」と驚かれ、改めていかに狭い世界の中で自分たちの進路を考えていたかを思い知らされる出来事にもなりました。

集英社の内定を辞退した私は、政経塾に入りました。そもそも政経塾を受けたのは、取り立てて政治家になりたかったというわけではなく、お金もいただけて、好きなところに行けて、好きな勉強ができるおいしい場所、というイメージがあったからです。しかし、入ってみたらこれがまったくおいしくなかった(笑)。要は「その経験を世のために使いなはれや」と言われて、松下幸之助翁が稼いだお金を渡されるわけです。根が真面目なので、それがすごく重くて苦しかった。しかも、当時は5年間在籍できたのですが、5年後の保証は何もない。

政経塾は、1年目はいわゆる見習い期間で、同期5人でいろんなところを回り

東京大学の卒業式での写真

ます。2年目から、今で言うプロジェクト学習のような感じで、自分のテーマを決めて動く。どこにどう行っても自由で、それぞれの評価に応じて割り当てられた研修費を使って構わない、という感じでした。

23歳の小学生

2年目に何のテーマにするかを考えたとき、思い浮かんだのは教育と福祉でした。なぜ福祉だったかというと、母が詩吟のお師匠さんをやっているせいか、お年寄りに囲まれて育った経験からでした。私自身も詩吟の大会に出場させられながら老後の悩みや周りのお年寄りの愚痴などもよく聞いていたので、何か役に立てることがないかと感じていたのです。とはいえ、やはり最初にお話ししたような原体験から、日本の教育への疑問は拭いきれませんでした。教育と福祉、どちらかに絞るべきと言われ、悩みに悩んで最終的に、やっぱり子どもが好きだからというのと、子どもの未来は長いので、どうにかしたいという思いが勝って、教育を選択しました。

その選択の結果、政経塾2年目は自分にとってはとても重要な時期になりました。たとえば、これは政経塾の現地現場主義の究極だと思うのですが、23歳だった当時、小学校5年生のクラスに、小学校5年生として潜り込ませてもらったりしました（笑）。まず、政経塾で「教育をやりたい」という人が珍しかったのと、当時の塾長だった宮田義二さんが臨時教育審議会の委員も務めていたので、「1校目は自分がお世話になってる校長のところに連れて行ってやる」と紹介してくださったのです。ただ、校長先生も快く引き受けてくれたものの、2ヶ月の研修期間をどうやって過ごすのかと。「何をしたいの？」と聞かれて「とにかく何でもいいから現場に溶け込みたい、何かの役割に徹したいです」とお願いしたら、「あなただったら小学校5年生でいけるんじゃないか」と言われました（笑）。

それであいさつに行ったその足で、小学校の5年生のクラスの一員として、朝の会で紹介してもらいました。「白井智子ちゃん10歳です。オーストラリアから引っ越してきました」という設定で。もう「デカいデカい」と大騒ぎ（笑）。その夜は「デカい小学生」の話でお茶の間は持ち切りだったようです。あいつは何者だ、と。そしてこれがかわいいのですが、みんなが持ち帰ってきた結論が、「きっとあの子は中学生だ」と。きっと中学生が病気か何かをして、やむを得ず小学校に戻ってきたのだろうから、そこには触れずに優しくしてやろう、といった話になったようです。わたしはその背景は知らなかったのですが、やたらとなまあたたかく接してくると思ったら、そういうことになっていたわけです（笑）。

面白かったのが、そうしてクラスの一員となると、それを徹底してやらないと、子どもに怒られてしまうということ。先生もやりづらいから、たとえばドリルをやらなくていいよと目くばせしてくれるのですが、やらないと、隣の子にすかさず言いつけられるわけです。ところが逆に、本気でやると今度はザワついてしまう（笑）。

職員のみなさんはわかっていらしたので、職員会議にも出させてもらっていたわけですが、それも職員室にプリントを取りに来たクラスメイトに見つかってえらい怒られました。「オーストラリアの事情はどうかわからないけど、日本ではあそこに子どもはいちゃだめなんだよ」と（笑）。それで、「よくわかってなくてごめんなさい」と謝ったりしていました。

そうして2ヶ月過ごして最後の日に「実は23歳でした」と告白したら、最初の日以上に驚かれました。その2年後に沖縄に学校をつくることが決まったのですが、そのときにも同級生から手紙をもらいました。「新聞にともちゃんが校長になるって書いてあったんだけど、どういうこと？　あたしたちまだ中学生だけど」と（笑）。

こうした政経塾での日々は、その後日本の教育に向き合うようになった、最初の一歩でした。政経塾の4年間で国内外のおよそ100校ほどの小中学校を巡

23歳で小学5年生としてクラスに入り込んだ、松下政経塾時代

り、日本の学校教育の現状と、その現状の中で苦しむたくさんの子どもたちを目にした私は、「一人一人の存在を絶対的に肯定できる存在になりたい」と思うようになりました。

26歳の校長先生

そして、「一人一人の存在を絶対的に肯定する」具体的なアプローチとして、「小さくてもいいから学校をつくりたい」と考えるようになったのです。1999年4月24日、私は26歳にして「校長」になりました。松下政経塾を卒業した後、沖縄のドリームプラネット・インターナショナル・スクールというフリースクールの立ち上げに、校長として携わることになったのです。今でこそフリースクールは社会に認知され始めていますが、当時はその概念すらほとんど誰も知らないような状態でした。それもそのはず、不登校の子どもたちを対象とするフリースクールを国が認可するわけもなく、国が不登校の子どもたちを〝無視〟しているような状況の中、「違法ではないが、脱法に近い」と文部官僚から言われるような存在だったのです。さらに経営母体である沖縄アクターズスクールは「歌手やタレント養成の学校」としてのイメージが強く、教育を提供する主体という扱いは当時はされていませんでした。

そんな中で設立準備を進めていた私たちは、強い逆風にさらされることになります。たとえば、候補地の一つだった沖縄県の中央部に位置する金武町《きんちょう》では、フリースクールの設立に対する反対運動が巻き起こり、住民投票まで実施される事態に。多くの住民がフリースクールに反対する理由は「そんな学校に入学するような子どもたちは〝不良〟であり、そのような子どもたちが増えれば、地元の子どもたちに悪影響がある」というもので、その反対運動の中心にいたのが学校の先生たちでした。結果的に反対票が多数を占め、私たちは町を追い出されることになります。

そんな逆境の中、手を差し伸べてくれる方がいました。恩納村《おんなそん》でムーンビーチというホテルを経営していた社長が「いいことだから一緒に子どもたちを守りたい」と、敷地の一部をフリースクールに貸すことに同意してくれたのです。その方はすでに亡くなってしまい、当時のことを改めて聞くことはできませんが、誰も見向きもしない、ましてや反対運動すら巻き起こっているフリースクールのために場所を提供する決断を下すことは、決して容易ではなかったと思います。大変な調整を要したことは、想像に難くありません。

開校までの道のりは、決して平坦なものではありませんでした。しかし、そうした想いを持った方々の応援もあり、なんとかフリースクールの開校に漕《こ》ぎ着けることができたのです。

「助けを求めて」フリースクールの門を叩いた子どもたち

そうして生徒の募集を開始してみると、「安室ちゃんやSPEEDを輩出したあの沖縄アクターズスクールが新たな学校をつくる」と聞いた子どもたちが、自分の才能を見つけ、伸ばせる場所になるのではないかという期待から、次々と願書を送ってきてくれました。

その一方で、キラキラとした期待からではなく、現実の辛い状況から逃れるために、ある意味では「助けを求めて」フリースクールの門を叩《たた》いた子も少なくありませんでした。私は一貫して子どもたちの「過去の、触れたくない話」をこちらからは聞き出さないようにしているので、面接の時点ではそれぞれの細かな事情は知りませんでしたし、子どもたちも心を開くまでは応募した「本当の理由」を語ってはいなかっただろうと思います。入学した後、徐々に関係性が深まっていく中でそこに辿《たど》り着いた理由を知ることが多くありました。

ある生徒はフリースクールを出てから10年ほど経った頃に、「本当の理由」を教えてくれました。久しぶりの突然の連絡は、「新しい人生を始めたいので、名字を変えるための支援をしてくれないか」という依頼だったのです。その理由として「実は、当時から親との関係がうまくいっておらず、なかば〝捨てられるように〟フリースクールに入学した。今も親との関係は改善されていない状況で、吹っ切って新しい人生を歩むために姓を変えたい」と。その依頼の内容は「昔から異なる名字を名乗っていた」と裁判所に対して証明してもらえないだろうかというもので、「ごめんね、協力したいのだけど、立場的にどうしても公的に嘘《うそ》をつくことはできないんだ」と証人にはなれませんでしたが、そのときに初めて彼の背景を知ることになりました。付言すると、日本では親権が非常に強く、それが子どもの人権や自己決定権を阻害している一因になっていることを実感した初めての出来事でもありました。

在学時にフリースクールに入学した本当の理由やさまざまな想いを打ち明けてくれた子もいれば、何十年もの時を経て語り出す子もいます。「後になって知ったこと」は多くありました。生徒全員とその保護者と必ず入学面接をし、それなりにそれぞれの人となりに触れたつもりでいましたが、入学面接で親の前で語っていたことと、本当に心の中にあることがまったく違うということも少なくありません。面接で述べた前向きな理由とは裏腹に、逃げるように、あるいは親に捨てられたと感じながら辿り着いた子どもも少数ではないことを、子どもたちに寄り添う中でだんだん知っていくことになったのです。

酒も煙草も「なんでもあり」からの出発

話を1999年に戻しましょう。面接を経て130人の入学者が決定したものの、反対運動の煽《あお》りを受け、場所を転々としながら準備を進めなければならなかったこともあり、寮の準備ができていませんでした。ホテルムーンビーチ近くのペンションを寮として使用させてもらうことは決まっていたものの、一般営業の調整が追いつかず、開校から数日はホテルの客室を利用させていただくことになりました。1階が教室、2階がホテルの客室、目の前は海、という、世にも珍しい「学校」のスタートです。

子どもたちは一般のお客さんたちにも配慮し、しっかりとマナーを守っておとなしく過ごしていた……わけではありませんでした。「フリースクール」という場所を、「何でもやっていい場所」だと勘違いしていたのです。同年代の男女が集まって共同生活を送るわけなので、楽しくなってしまったのでしょう。「自由」をはき違え、入寮初日から門限を破ってみんなで酒、煙草……なんでもありの状態でした。

どうにかしなければ、このままではこの場所はあっという間に潰れる——そう考え、次の日に「全員集まってー」と呼びかけ、全体ミーティングを開催しました。それまで子どもたちには反対運動があったことを伝える機会はなかったのですが、そのミーティングでちゃんと伝えることにしたのです。その頃は学校が不祥事を起こして、それを隠していたと校長や教育委員会が謝罪会見をする様子が、連日のようにニュース番組で映し出されていました。そんな学校の姿を信用できなくてここに辿り着いた子どもたちに、まったく逆のことをしよう、全部さらけ出してみよう、と一晩悩んで決心しました。

反対運動が原因で開設予定地を何度も変更しなければならなかったこと、この中の誰かが煙草1本吸っただけで、あるいは地元の方に挨拶をしなかっただけで、反対運動が再燃する可能性があること……そして「私自身、命がけでこの場所を守るために頑張るけど、私一人じゃどうしようもない。みんなにも協力してほしい」と訴えました。「脱法スレスレ」な存在だった私たちの場所は、私たち全員の力で守るしかなかったのです。

そうして、自分たちの場所を守るためのルールを決めることになりました。みんなで意見を出し合い制定された全10か条のルールは、「酒を飲まない」「煙草を吸わない」……今から考えると当たり前のことばかりで笑ってしまうのですが、当時は大真面目でした。そして、そうやって自分たちでルールを決めることは、130人の子どもたちにとって、とても大きな意味のある経験だったようです。それまで「自由がない」と不平不満を言うしかなかった子どもたちが「自由」を手に入れ、その自由を守るため自らにルールを課した。「自由」とは与えられるものではなく、自ら手に入れ、それと同時に発生する責任を果たしながら、守っていくもの。それをあの場所で学んだ、と20年以上経ってから教えてくれた生徒がいました。今から考えると、子どもたちは、「民主主義」や「自治」といった概念も、その言葉も知らないまま、実際の学校生活の中で学び取っていたのだと思います。

この日以降、全体ミーティングはこのフリースクールの「日課」になりました。半円形に座る130人の子どもたちに対し、私が課題だと感じていることや、それらの課題に対する解決の方針を共有することが、毎日の恒例行事になったのです。みんなで集まり、みんなで話すこの全体ミーティングが、この学校の日々の核となっていきました。

毎日が事件、毎日が全校集会

とにかくさまざまな事件が起きました。「毎日が全校集会」。そんな日々でした。たとえば、生徒同士のいさかいがあれば、当事者のプライバシーをできる限り守りながら「今日はこういうトラブルがあった。その背景にはこんな行き違いがあることがわかったので、当事者と私とでこんな風に解決していきたいと思っている」と、全員に伝えていました。そういった事件が大なり小なり、毎日のように起こっていたので、毎日毎日子どもたちと語り合っていたのです。

特に印象に残っているのは、「お化け騒動」。あるとき、数人の生徒が「見えるはずのないものを見てしまった」と騒ぎ出し、集団パニック状態に陥ってしまいました。倒れてしまう子どももいて、それを見た他の子がまた倒れて……と、実際に救急車を3台も呼ぶ騒動に発展してしまったのです。私は幽霊の類を見たこともなければ、集団パニックを収めた経験もありません。でも、なんとかしなければならない。そのときも生徒たちを全員集めて、「みんなが見たものが何なのかはわからないけれど、もしも幽霊なのだとすれば元は私たちと同じ人間だったということだよね。人間同士だったら、こちらが嫌な態度をとれば相手も嫌な態度をとるのは当然。逆に礼儀正しい人には相手も礼儀正しく接してくるよね？　もし出会ったら、できるだけ冷静に、礼儀正しく接してみるといいかも。こちらから、『こんにちは！』って明るく挨拶するくらいに！」という話をしました。

こんな適当極まりない提案にもすがってしまうくらい追い詰められていた子どもたちが、暫定的にでも対応の方針を共有することでだんだん落ち着いていって、なんとか乗り切ることができました。そんな風に、私自身も経験したことのないこと、想定もしていなかったことが、毎日毎日起こっていたのです。

夢を書けない子どもたち

波乱だらけの開校当初、まず取り組んだのは「夢」に関する授業です。130人の子どもたちを集め、一人一人に画用紙を渡して「自分の夢を書いてみて」と伝えました。それ以外は、何も指定しませんでした。将来やってみたいと思うことを、文字でもいいし、絵でもいいから書いてもらい、その夢を実際にどう叶《かな》えるのかを考える授業を予定していたのですが、この授業は思ったようなものにはなりませんでした。

たとえば、「横浜ベイスターズを応援し続ける」という文言とベイスターズのマスコットキャラクターを描いた子がいました。ベイスターズの応援団に入ってラッパを吹いていた彼らしい絵で、それはそれで可愛らしいものだったのですが、何十年も経ってから聞くと「夢を書くなんてアホらしい、馬鹿じゃねーかと思いながら適当に描いた」と。彼のように、反発しながらも何か書いてくれれば良い方で、何も書けずに泣き出す子が続出したのです。

私は来たばかりの彼らにそこまで重いものを課してしまったのかと動揺しながらも、一人一人のそばに行って「書けなくても大丈夫。あなたはあなたのままでいいんだからね」と声をかけ続けました。その場面が夜の全国放送のニュース番組で流れ、それをご覧になって感動したという当時の石原慎太郎都知事が、足繁くこのフリースクールに視察に来られるようになりました。

私自身も、この授業を通して気づいたことは少なくありません。私の想像以上に「自分がない」子たちが多かったのです。入学後、最初の数日で自分に向き合い、理想の自分を形にするためにすぐに動き出した子もいれば、自分と向き合うことで「自分がない」ことに直面し、自分が何をしたいのか、何が好きなのか、を探すことから始めた子もたくさんいました。その「自分探し」はきっと、成長とともに、一生続いていくのでしょう。

ちなみに、「横浜ベイスターズを応援し続ける」と書いた子は、現在私の仕事を手伝って力強く支えてくれています。テレビのコメンテーターとして出るときの衣装は、すべて彼のセレクトです。

まずやるべきは「話を聞くこと」

いずれにせよ、すべての子どもたちが自らの未来の姿と向き合うことになった、あの授業がスタート地点になりました。同時に、そこは私自身のスタート地点でもありました。将来をまったく想像できない子、自分という存在を認めてもらった経験がない子、自分が生きていてもいいのだろうかと毎日自らに問うている子……そういった子が、私の想像よりもはるかにたくさんいることに、ここで気がついたのです。

夢を書かせるよりも先にまずやるべきは、「子どもたち一人一人を理解すること」だと感じ、130人の子どもたちに対して「何でもいいから話においで」と声をかけました。そうすると、たくさんの子どもが私のところに話しに、いや、泣きにやって来て、私のデスクの前に大行列ができました。占いの館かと思いました（笑）。

自分がこれまでいかにつらかったか、いまどんなことをつらいと感じているか、あるいは「あの子がとてもつらそうだから話を聞いてあげてほしい」……文字通り「朝から晩まで」子どもたちの話と涙に寄り添う毎日が続きました。

そんな毎日の中で気づいたことがあります。それは、これまで子どもたちの周りには話を聞いてあげる人がいなかったということ。より正確に言えば、これまでの彼らの生活の中では「話をしたところで、否定されて怒られて終わり」だったということです。ただただ話をし、「ありのまま」を認めてもらう経験をしたことが、なかったのだろうと感じました。中には、卒業後に「これを言ったら怒られるだろうなということをどれだけ言ってても怒られないから、『校長ってめちゃくちゃ鈍い人なのかも』と思っていた」と、笑いながら話してくれた子もいました。多くの子どもたちが、「これを言ってもどうせ否定される」とさまざまな苦悩や葛藤を、その小さな身体の内側に溜《た》め込んでいたのです。

その悩みの大半は、人間関係に起因するものでした。親や友人といった身近な存在とうまく関係性を築けず、それによって生じる問題から逃げざるを得なかった子たちが、あのフリースクールには集まっていたのです。開校から時間が経つにつれ、フリースクール内の人間関係に悩む子どもも増えました。「子どもたちのことは、子どもたちに任せるべきだ」と言う人もいますが、傷ついた子どもたちが数多く集まっていたその場においては、それが正解だとは私には思えなかった。そのまま放っておいては、傷ついてここに辿り着いた子どもたちがさらにここでも傷つき、ここにもいられなくなるであろうことは明らかでした。もちろん本人たちの了解を得ながらですが、かなり積極的に、トラブルを抱える当事者の間に入っていきました。

たとえば、揉《も》めている当事者同士、了解を得てメールのやりとりを見せてもらう。そうすると、誤解が生じたポイントがはっきりと見えてきます。そしてケンカをしている2人に「本当はこういうことを言いたかったんだよね？」「あなたは、こう勘違いしてしまったんだよね？」と話をすると、仲直りをするどころか、以前よりも仲良くなることもしばしば。フリースクールに通っていた子どもたちの多くは、一度悪くなってしまった他人との関係性を、コミュニケーションを通して改善する経験がなかったのだろうと思います。生まれて初めて、トラブルって乗り越えられるんだと経験した子たちは、それで自信をつけ、他の子のトラブル解決をサポートしてくれるようにもなりました。

ただし、一貫して守っていたのは、人前で叱るのはできる限り避けること。大事なことを伝えるときには、一対一で、体面を気にせずに腹を割って話せる、泣いちゃっても他の子に見られたりしない、という場を設定すること。他の子どもたちの前で解決のプロセスを進めてしまうと、恥ずかしさやメンツが損なわれることで頭がいっぱいになってしまい、言われた内容は二の次になってしまったりします。実は、叱られる内容は、「そんなルールがあるの、知らなかった」とか「相手が傷ついていることに気づかなかった」ということがほとんど。落ち着いて話せる環境で、何がいけなかったのか、今後は同じような場面でどうしたらいいかを確認することは、子どもたちにとってもとても大事なことなのです。

何らかの不満を訴える子がいたら、誰にどのようなことをされたのか、言われたのかを確認し、相手側と、こちらも個別に話す。相手側に事実を確認する際も、不満を訴えた子が「チクった」などと責められないために、私がたまたま気づいた、あるいは誰かが見ていたなど、嘘にならない範囲で背景を細かくすり合わせし、当事者が納得した状態で話を進めること、また被害を受けた子どもがそれ以上嫌な思いをしなくて済むように大人が守る、ということを徹底してきました。

「相手の気持ちがわからない」子どもたち

こういった人間関係のトラブルには、第一章でも触れましたが、いわゆる「発達障害」を持つ子が絡むことが少なくありませんでした。相手の顔色や言葉のニュアンスがうまく読み取れない、場の「空気」を読めない……そういう子どもは一定数います。通常学級に在籍する小中学生の8・8%に、学習面や行動面で著しい困難を示す発達障害の可能性があることがわかっています。今でこそ「発達障害」という言葉が普及し、自身の障害に対して自覚的になっている子も増えています。しかし、当時はまだ「発達障害」という言葉すらほとんど知られていない時代。自らの特性を本人が自覚しているケースは、稀でした。20年前、池田市でフリースクールを始めた頃、不登校になった原因は「わからない」という子が圧倒的に多かったのです。

ある程度大きくなるまで発達課題があることに気づかずに育った子どもの自己肯定感を下げないように、また保護者に無用なショックを与えずに発達障害があることを伝えるためには、タイミングと伝え方に細心の注意をはらう必要があります。最終的な診断は専門機関にしかできないので、我々フリースクールとしては、本人が他者との違いに気づき、自覚することをサポートしながら待つスタンスを採りました。無論、子どもたちの前では、絶対に「発達障害」という言葉を使いません。

唯一、フリースクール側から発達検査を受けることを勧めたのは、保護者や本人が、他者との違いに違和感を持ち、その違いの原因を知りたいと相談してきたケースです。そういった場合には、ショックよりも納得感が大きくなり、診断と併せて伝えられる対応の仕方のアドバイスも素直に受け入れることができるからです。

発達障害を持つ子に対する不満や、何らかの被害を受けたことを訴えてきた子に対しても、「あなたも感じている通り、あの子は人の気持ちを想像したり、言葉を解釈したりするのが生まれつき苦手なんだ。それはあの子の特性で、その特性によってあなたも嫌な思いをしたんだね。校長として申し訳ない、本当にごめんなさい。ただ、多分あなたも気づいていると思うけど、実は一番苦労しているのはあの子自身なんだよね」と説明すると、全員が「そりゃそうだよねー」と納得してくれました。「その特性が他者にネガティブな形で出ないように、スクールとして指導するし、特に重点的に見守る体制をつくります。それでもすぐに結果が出るわけではないかもしれないから、また嫌なことをされたときには、またいつでも相談して、必ず対応するから」、そして「この話は、あなたを見込んでしている話。そういった特性を持っていること自体を、本人に言わないでほしい。あの子自身がその特性に気づくタイミングはきっとやって来るから」と。その約束を破った子は、私の知る限り、一人もいませんでした。「あなたを信じて、このことを伝えている」と言うと、子どもたちはそれを意気に感じてくれたようで、理解しよう、協力しようと努めてくれました。

第一章でも発達障害を「特性」と捉えていると書きましたが、そもそも私は発達障害を〝障害〟と呼ぶことに、少し抵抗感を持っています。認知の方法が違うことも、一つの「特徴」であり、その特徴が社会生活に著しい困難をもたらす場合に「障害」という診断がおりるわけですが、近年「発達障害」という言葉が気軽に使われすぎ、いじめや差別のツールとしてすら使われていることを危惧しています。

最近ではニューロダイバーシティという言葉が少しずつ広がっていますが、脳にも多様性があるのだということを学校や社会が理解できれば、世の中はとても生きやすくなるのではないかと思うくらい、その理解は人が生きていくために重要だと考えています。学校の先生たちはよく「相手の気持ちになって考えてみよう」と言いますが、共感性が薄いのが特徴の子たちは、そう言われても「わからない」と応えるしかありません。だけど、それも生来の特徴の一つ。そのことを理解していないと、反発しているように感じられるようですが、そうではありません。そういった特徴を持っている子に「もっとちゃんと考えなさい」と叱っても、追い詰めるだけです。

私は子どもたちとの関わりを通じて、「相手の気持ちがわからない」という子たちは、反発して言っているのではなく、本当にわからないのだ、と感じ取りました。そういう子には「一般的には相手がこう言うときは、こういう気持ちのときみたいよ」「こういう言い方をすると、誤解されなくてすむよ」と、一回一回丁寧に伝えると、「そうだったのか!!」と素直に吸収していくのです。共感性が人よりも乏しい子たちもパターンを覚えると、相手に適切なタイミングで「ありがとう」「ごめんなさい」と言えるようになることを、私も実体験から学びました。

友達をつくりたいのに、ネガティブな言葉で人とコミュニケーションをとることが習慣になって周りから距離を取られている子には、「この言葉の代わりに、自分が言われて嬉しかった言葉を使ったら相手も嬉しいかも。今まで言われて嬉しかったのってどんな言葉？」と問うてみる。悪口を禁止するだけではただ自信をなくして黙ってしまうだけ。代わりにどんな言葉を使ってコミュニケーションをとるかをシミュレーションして練習しました。実際にそれを本人が実行して周りとの関係性が穏やかになり、それに伴って本人の問題行動も減っていき、本人も周りも保護者も大喜び、というケースにたくさん接してきました。日々のスタッフミーティングの中で「あの子が昨日初めてありがとうって言いました！」と報告を受けたときの深い感動が堪《たま》らなくて私もこの仕事を25年以上続けられています。

周りにいる人が上から怒鳴ったり叱ったりするのではなく、丁寧に伝えれば、子どもたちにもちゃんと伝わる、ということを、子どもたちが教えてくれました。子ども自身と丁寧にコミュニケーションをとり、話し合いながら、それぞれの得意なこと、苦手なことを理解する。そして苦手なことについては周りがサポートして、一人一人に「得意」を伸ばしてもらう。そんな環境を、皆でつくってきました。

「得意」がない子は一人もいない

そんな環境の中、「得意」がない子どもは一人もいないのだということも、確信しました。全員が生まれながらにして、何かしらの才能や能力を持っている。それを周りに遠慮せず、思う存分伸ばせる環境さえつくってあげられれば、子どもたちは勝手に成長するし、その能力を発揮してくれるのです。

なぜそう確信したのかと言えば、あくまでも私個人の感覚値にはなってしまうのですが、1999年の沖縄で、そういった場面を何度も目にしたからです。学校や家庭という枠の中で、ずっと否定されてきた子どもたちが、フリースクールにやってきて徐々に自分の頭で考えられるようになり、自分ができることで誰かの役に立とうと必死になっていた。できないことについては、周りの助けを借りながらなんとか乗り越え、助けてもらった人に対して「ありがとう」と言う。そんな当たり前の支え合いがある環境の中で、それぞれがそれぞれの才能や能力を伸ばし合う光景を目の当たりにしたのです。

いまでも、あの子たちはすごかったなと思い返すことがあります。最初は「自分の人生が不幸なのは学校のせい、親のせい、社会のせい」と他責的だった子どもたちも、いつの間にか、「自分の人生は自分でつくるものだ」と信じるようになっていたのです。誰も人生の正解なんて教えてくれないし、教えてくれたとしてもそれが自分にとっての正解だとは限らない。自分の道は自分で決め、その選択の結果に伴う責任は自分にしか取れない――私たちが教えたというよりも、フ

沖縄のフリースクールの校長時代の一コマ

リースクールでの日々の生活と、周りのスタッフや仲間との関わりの中から、そんなことを学び取っていたように思います。

「こういう子を育てたい」なんてない

子どもたちは周囲の大人の何気ない言動をよく見て、そこからさまざまなことを学びます。私は忘れていたのですが、あるとき卒業生と話している際に「在学中の印象に残っていること」として、こんなことを教えてもらいました。

当時はいわゆる「ヤマンバギャル」全盛期。その生徒も、ヤマンバギャルメイクとファッションをしていたことは覚えています。あるとき、その子と数人の子が校舎の廊下でずらっと座り込んでメイクに勤しんでいました。そこに私が近づいてきた。その子は「あ、これは怒られるな」と身構えたそうなのですが、私は「欧米では、メイクをする姿は恋人や家族にしか見せないんだって。こんなに人がいるところでメイクをしていると、びっくりされるかもー」と、ゆるーい感じで笑顔で言ったそうです。怒られるでもなく、ただ知らなかっただけのことを教えてもらって納得して、それ以来、人前ではメイクしなくなったしその出来事と言葉はずっと覚えているのだと、なぜだか嬉しそうに教えてくれました。

子どもたちは日常の小さな出来事や言った当人も覚えていないような何気ない言葉から、さまざまなことを感じ、自分の人生をどうつくっていくのかを学んでいます。だからこそ、「こうしなさい」とこちらの価値観を押しつけることは怖くてできませんでした。事実や「私はこう思う」ということだけを伝えて、そのあとどうするのかは一人一人が選びとることだと思っていましたので、「こんなところでメイクをしてはいけない」とは言わなかった。私の「意見」を聞いたその子が自分で考え、判断したことだからこそ、「ずっと残っている」出来事になったのではないかと思うのです。

よく「どういう子を育てたいのですか？」と聞かれます。だけど、「こういう子に育てます」とは、私には言えないのです。なぜなら、どういう人になりたいかは、その子によって違うから。そして、私たち大人ができるのは、それぞれの子どもがそれぞれらしく、それぞれのいいところを伸ばすための環境を用意することに尽きると思うからです。私たちが「ああしろ」「こうしろ」と言っても、子どもたちはその通りには育たない。フリースクールでの経験が教えてくれたのは、子どもたちがのびのびと「らしさ」を発揮できる環境さえ用意すれば、本当に素晴らしい花を咲かせるのだということ。環境次第で、人は必ず成長するのだということを、子どもたちから教えてもらったのです。

そして、大人が「自由」を与えるだけでは、子どもたちが本当の意味で自由になることはないのだということも知りました。フリースクールが開校する前は、「自由にしていいよ」と言えば子どもたちは喜ぶのではないかと思っていました。しかし、実際はそうではなかった。「自由に夢を書いてね」と言うと泣き出す子がいたように、自由とは実は苦しいものでもある。枠がない中で自由に振る舞うためには、そうするだけの力が求められるのだということに気がついたのです。枠があるからこそ、その枠から飛び出そうと努力したり、その中で自分を表現しようとしたりできる。その枠がなくなり自由になると、途端にどうしてよいのかわからなくなってしまう子もいる。

だからこそ、子どもたちが自ら集団としてのルールを設ける必要があったし、選択肢としての学び方や授業を提供する必要があった。自由とは与えられるものではなく、主体的に獲得し、責任を果たし続けることによって維持されるものなのだ――フリースクールで過ごした時間は、子どもたちと共に私自身もそんなことを身をもって学ぶプロセスだったように思います。

「学び」にはそれぞれのペースがある

また、それぞれの「学びのペース」を尊重することの重要性も、子どもたちから教えてもらったことの一つです。フリースクールには、15歳までほとんど学校に通えていなかった子もいました。小中学校全部合わせても半年に満たないくらいの日数しか、学校に行けなかったのです。だから、入学時はひらがなも満足に書くことができなかった。そこで、私は小学一年生向けのドリルを渡して、「自分のペースで進めてみて。わからないことあれば聞きにおいで」とだけ伝えました。字が書けなくてどれだけ不便かは本人が一番よくわかっている。あっという間にひらがなをマスターし、その後は水を吸うスポンジのように、驚くべきスピードで知識を身につけていきました。
その子は、フリースクールを卒業した後は花農家になり、しっかりと独り立ちし、幸せな家庭を築いています。現在、元生徒の中で私のさまざまな活動に最も寄付をしてくれているのが、その生徒です。それだけでなく、毎年「花を愛でる余裕はありますか？」などと連絡をくれ、家じゅうの花瓶を集めても生けきれないほどのトルコキキョウを送ってきてくれたり、友達がつくった美味しいマンゴーを送ってくれたり。その優しい心遣いに私自身が支えられています。

「学び」にはそれぞれのペースがある。「何歳になったら、この漢字を学ぶ」なんて決める必要はない。さまざまな事情から、その子は15歳まで学校にほとんど行くことができなかった。優しい繊細な心を守るためにはそうするしか選択肢がなかったのだと思います。無理をして学校に行っていたら、その子の心は壊れてしまい、何かを学び始めることに対するハードルはとても高いものになっていたかもしれません。一度ねじれてしまった心を、まっすぐに戻すのは難しい。どんな親切を受けても「裏があるのではないか」と疑い、素直に受け取れなくなってしまった子どもにも出会いました。そうなると、まず、人を信用することができるまでに、何年もかかります。マイナスをゼロに戻すだけでも莫大《ばくだい》な時間がかかる。逆に、素直な心さえ守ってあげられれば、人はどんなタイミングからでも学び始めることができる。私はその生徒から、そんなことを教えてもらいました。

かつての教え子たちに背中を押されて

フリースクールで私にたくさんのことを教えてくれた子どもたちの「その後」は、実にさまざまです。会社を立ち上げ経営をしている子、芸能分野で活躍している子、ネイルサロンやエステサロンを経営している子、私が世界一おいしいと思っている豆腐をつくっている子、米軍の兵士と結婚し家族とともにアメリカに住んでいる子、親の会社を継いでさらに成長させている子……活躍のフィールドは実にさまざまで、それぞれがそれぞれの才能を生かしながら、楽しんで社会に貢献しています。

そんな教え子たちが、「校長は、あのフリースクールで起こっていた出来事をちゃんと世の中に発信すべきだ」と言うのです。かつての教え子たちの中には、親になり、子育てをしている子も多くいます。その中の一人が「私たちが通っていた、あのフリースクールのような選択肢を子どもにも与えてあげたいけれど、残念ながらいまはそういう場所がない」と。「だから、かつて校長が私たちに言ってくれたように、私も私の子に『どんな場所にもプラス面とマイナス面がある。いまいる環境の中で、なんとか楽しいことを見つけて、自分らしさを生かせるようにしていこう。学校の環境との折り合いの付け方を、ママと一緒に考えよう』と言っている」と話してくれました。

フリースクールに集まっていたのは、公教育の中で居場所を見つけられなかった子どもたちでした。そんな子たちが20年ほどの時を経て親になり、自らの子どもが学校に通う保護者の立場になって、「あれから日本の教育は変わっていない」と感じているわけです。だからこそ、いまになってさらにあの場が自分自身の人生にとってどんな意味があったか、その価値を感じ、私にもっと発信してほしいと訴えてきている。

現在は私自身も母という立場で、子どもたちと同じ闘いに挑んでいます。小学校6年生、高校1年生、大学1年生、3人の子どもたち。授業で必要だと言うものを「これを持っていけば？」と渡すと、「これ、学校指定のものと違わないかな、持って行って先生に怒られないかな」とぐずぐず悩んでいて、いつの間にか、私自身の子どもたちにも「学校や先生が決めたルールが絶対」という考えがすり込まれていることに気がつきました。そんなことが起こるたびに、「先生の言うことが絶対だと思わず、自分の頭を使って意味を考えなさい」と伝えています。「災害があったときに、先生一人で30〜40人を守ってくれると思わないで。自分で自分を守る力をつけるんだ」とも。一人の母としても、闘いの日々のさなかにあります。

フリースクールは「残念な道」から「必要な選択肢」へ

そうして波乱万丈の沖縄での校長生活を終えた後、私は拠点を大阪に移し、池田市からの委託を受け、日本初となる公民協働型不登校・ひきこもり対策の居場所づくり事業を開始しました。２００３年には、公設民営フリースクール「スマイルファクトリー」を立ち上げることになります。

しかし、当然のことながら、この学校もすんなりと受け入れてもらえたわけではありませんでした。今では笑い話として話せるようになりましたが、当時の私は既存の学校の先生方からすると黒船のような存在だったらしく、「沖縄でフリースクールをやっていた白井なにがしが殴り込みをかけてくる」というくらいの認識を持たれていたそうです。先生方には、今までご自分たちがやってきたことを否定されるんじゃないかという警戒心を持たれているように感じました。また、そんな選択肢を与えたら、みんなフリースクールに行っちゃうんじゃないか、とも言われました。そんな単純な話ではなく、学校へ行けなくなった子どもがどんなに悩んでフリースクールに辿り着いているかは、子どもたちの方がよくわかっているのですが。まるでハーメルンの笛吹きみたいな扱いでした。

まずは市内の校長先生方の前で「みなさんのこれまでされてきたことを否定す

るつもりは毛頭ありません。ただ、不登校の子に対する対応には先生方もかなり苦慮されていると聞いています。そのご負担の一部を私たちに分けてください」といった話をさせてもらうところから始めたのを覚えています。

それでも、先生方の不安を簡単に払拭することはできませんでした。池田市ではいじめ・不登校に関する会議を学期ごとに開催しており、全学校の代表に加えて、私が初めてNPO代表として公式に参加するようになりました。それ自体はとても画期的なことだったのですが、この会議に参加し始めたばかりの頃、学校の先生たちのほとんどが「うちの学校には不登校の生徒が○人います。その中の数人が、『残念ながら』スマイルファクトリーに通っています」という言い方をされていたのです。

当然ですが、すべての子がすぐに心を開いてくれるわけではありません。誰にも会いたくないという子には無理に会おうとせず、何ヶ月も家に通い続け、親御さんと雑談して帰ることを繰り返す中で、少しずつ安心感を持ってもらい、信頼関係を築いていきます。そうして、ようやく会えるようになり、それからまた相当な時間をかけてスクールに足を運んでもらえるようになる。それだけでも大変な仕事なのですが、それが「残念ながら」の一言で片付けられてしまうという世界がそこにありました。

開校したばかりの頃は一日に2〜3人しか来ませんでしたが、その子どもたちがみるみる元気に楽しそうに通うようになる様子がクチコミで広がり、スクールに通う子がだんだんと増えていきました。そして開校から1〜2年経った頃、私たちに否定的な言葉を投げかける先生に対して、会議の中で「その言い方は間違っている」と言ってくれる先生が現れました。「スマイルファクトリーに通い出したというのは、その子にとっては人生で初めて大人を信用しようと思った瞬間かもしれない。なぜ学校はそこに関わろうとしないのか」と少し怒気を含んだ口調で発言してくださった先生の一言から、流れが変わったように感じました。「こんな宝物のような場所が池田にはあるんだから、それを徹底的に子どもたちのために活用しないともったいないじゃないですか」。その先生は学校に通えなくなった子どもがいたら、スマイルファクトリーを紹介してくれて、その子がうちに来るときにもついてきてくれるような先生でした。この頃から状況が好転し始めた感覚があります。それはちょうど、スマイルファクトリーで元気を取り戻し、学校復帰に至った子どもがぽつぽつと出始めた時期でもありました。あの子がこんなに元気になって、また会えた！ということは先生方にとっては衝撃的だったようです。それまでは100％保護者が相談に駆け込んできて通い始めるというかたちだったのが、先生からの紹介で見学に来て、フリースクールを利用し始める子どもたちが増えていきました。

安心できる場所があると、子どもは本当に落ち着き、元気になるのです。学校に行けなくなってしまった子も、スマイルファクトリーに通うことをきっかけに学校に戻ったり、進学先を見つけたりして、社会に羽ばたいていく。こういう事例が増えて、学校側も、今はこの子にとってフリースクールが必要な時期なのだなと理解して、子どもたちがもう一度学校に復帰したいと言い出したときにも、驚くほど協力的に学校復帰しやすい環境を整えてくれるようになっていきました。

ついに法律に明記された「学校を休む必要がある子どもたちの存在」

その後、2016年の年末に、これまでも何度か触れてきた教育機会確保法という法律が制定されたことも、フリースクールを取り巻く環境が変わる一つのきっかけになりました。ようやく法律に、「学校を休む必要がある子どもたちの存在」が明記されたのです。その2年前あたりから当時の安倍総理が東京のフリースクールを見学したり、当時の下村文部科学大臣がフリースクールについて言及したりしはじめ、フリースクールに関する審議会も開催されるようになり、私自身も委員として参加したり、法律制定の際にはロビイングしたりもしました。

その後、2020年の2月には、社会的企業・NPO団体連盟組織である新公益連盟の代表理事に就任しました。理由は色々とあるのですが、一番大きかった動機は、教育機会確保法に記された理念が、まだまだ世の中に浸透していないと感じたことです。第一章でも書きましたが、予算がついていない理念法だという背景もあり、学校の先生ですらもこの法律の存在を知らない人が多数派というのが現状です。法律が変わっただけでは不十分で、現場に浸透させるための動きも取っていかなければいけない。いったん現場を離れ、政策提言に力を入れようと考えて、新公益連盟の代表理事という立場に就くことを決めました。

それ以降、教育の現場で一人一人の子どもが抱える問題に向き合うだけでなく、「根本的に教育をどうするべきか」という問いに向き合う時間が増えました。現場での経験を経て、学校教育を現状の社会に合ったかたちに変えていく方法を模索し続けています。

ゼロから考える「新しい教育のかたち」

また、２０１７年には学校教育を変える方法を検討する上での、大きな転機となる出会いがありました。

それはコ・クリエーション（共創）プロセスを使って、地域や社会に大転換を起こすことを目的とする「コクリ！プロジェクト」の合宿に参加したときのことです。各界のリーダー約１３０人が鎌倉の建長寺に集ったその合宿の最後に、参加者たちから20ほどの取り組み案が挙げられました。案を出していない人は、20ほどある取り組みのうちのどれにジョインするかを決めることに。迷いに迷った末にジョインしたのが、慶應義塾大学の教授であり、内閣府デジタル防災未来構想チームの座長など、数多くの公職も務める安宅和人《あたかかずと》さん発案の「風の谷を創る」でした。

「風の谷を創る」とは、テクノロジーをうまく使いながら「都市集中型の未来に対するオルタナティブ」を生み出すためのプロジェクトです。このプロジェクトの背景にある想いや「風の谷」というネーミングについて、安宅さんはこう書かれています。

日本だけでなく世界的に都市集中の流れが止まらず長い間人が住んできた場所の多くが棄てられつつある。このままいけば映画『ブレードランナー』が描いたような、極端に人口の集中したメガシティにしか人が暮らせなくなる、そんなある種のディストピア的な世界の到来が避けられないのではないか、と考えていることがこの活動の原点にあります。

この大筋の原因、システム的な課題を探り、それに対してさまざまな知恵とテクノロジーの力も使い倒しながら対応していくことで、人間と自然と共に豊かに生きうるような未来像も、僕たちは持ちうるのではないか。宮崎駿監督の歴史的な作品『風の谷のナウシカ』の舞台の一つである『風の谷』のようにです。

『遅いインターネット』連載「風の谷を創る」——「Introduction「風の谷を創る」ことで、未来そのものを創る」より引用

私はそれまで、教育の現場に立ち、そこにある課題を解決する、あるいは折り合いを付ける方法を模索するような活動を実装してきました。活動の起点はあくまでも「現状」にあり、それをどう変えるかを考え続けてきたのです。しかし安宅さんの「風の谷を創る」は、現在の社会が抱える課題が着想のベースになっているものの、それを「現状の変容」ではなく、「まったく新しい選択肢を提示すること」によって解決することを志向しています。つまり、このプロジェクトにおいては「ここをこう変えるべき」ではなく、まったくのゼロベースで未来を考えていくことになるのです。

私にとっても初めての体験だったので、初めはどう考えるべきかがわからず、混乱しました。教育チームで話し合ったプランがことごとく安宅さんに「いや、それは既存の都市の教育の課題解決の話ですよね」と指摘されて、ハッとして、またゼロからの議論に戻ることとの繰り返し。正直、最初はこのオンラインミーティングの時間が辛くてたまりませんでした。

ところが途中から、ゼロベースで教育の未来について考えることが、私にとって大切な癒やしの時間になっていることに気づきました。それまでの私は、現状の教育をなんとか変えようとさまざまな取り組みを行っていました。もちろん、それらが無駄だったとは思いません。しかしながら、「今あるもの」を変えるためには大きな労力がかかるし、どうしても「今あるもの」をつくってきた人たちとの間に軋轢《あつれき》が生まれてしまう。「今あるもの」の延長線上に、「理想の未来」を描き出すことに限界を感じるようになっていたのも、また事実だったのです。

「風の谷を創る」に参加し、ゼロベースで未来を想像することを通して感じたのは、既存の教育や学校にもはや気を遣う必要もないのではないか、ということ。偉そうに聞こえるかもしれませんが、子どもたちも、現場で頑張っている先生方すら、「ここには未来がない」と思っているのだから、そこまで遠慮する必要もない、と思うようになりました。教育の課題と闘い、絶望感と向き合う日々の中、人間にとって本質的に必要な教育をゼロから考えることに希望を見出したのです。

次の章からは、そんな「非連続的な改革」、「脱『学校』」の先に見据えている新たな教育のかたちの具体像について、詳しく書いていきます。

特別座談会

25年後に振り返る、フリースクールでの学び

次の章からは「脱『学校』」に向けた具体的な提案やすでに実践していることのご紹介をしていきますが、そこに入る前に、一つコラムを挟ませてください。ただコラムとは言っても、「読んでも読まなくてもいいオマケ」などではまったくなく、むしろ私がこの本で論じている内容の原液とも言うべき内容です。

第二章まででは、私が既存の「学校」というシステムに対して感じている問題点、そしてそうした問題意識が形づくられるようになった背景として、これまでの私の「脱『学校』」の軌跡をご紹介してきました。しかし、これだけだと大事な点が抜け落ちているようにも思うのです。ここまで読んで来られた方の中には、もしかしたらこんな感想を抱く方もいらっしゃるのではないでしょうか――「いまの学校システムに問題点があり、それとは別の選択肢を（白井が）試行錯誤してきたことはわかったけれど、本当にそのやり方が適切なのだろうか？」「（白井が取り組んできた）脱『学校』の実践は、本当に子どもたちを幸せにしているのだろうか？」。

たしかに、ここまではあくまでも教育の場をつくる立場である私の話がメインで、実際にそうした場で教育を受けてきた子どもたちの視点が十分には示せていません。そこでこのコラムでは、第二章で詳しくご紹介した沖縄のドリームプラネット・インターナショナル・スクール（以下、ドリームプラネット）で私が教えていた子どもたち、つまり約25年前に「26歳の校長先生」として奮闘していたときの教え子たち4名に特別に集まってもらい、当時の日々を振り返りながら、フリースクールがどんな場所だったのかを話してもらいました。もちろんこの4名が全てではなく、出会ってきた数千人の生徒の数だけさまざまな経験や思い、その後の人生があります。嘘偽りなく、教え子一人一人が、私の自慢です。ここではその中のあくまでもこの4名の事例を通して、「脱『学校』論」が机上の空論ではなく、現実に子どもたちの未来をつくってきたということが伝わるといいなと思っています。

「26歳の校長先生」の教え子たちはいま

白井　みんな、久しぶり。今日集まってくれた4人は、1999年に開校した沖縄のドリームプラネットの教え子たちで、私のキャリアでも最初期に一緒にいてくれた人たちだから、こうして大人になってからまた集まれてとても嬉しいです。積もる話も色々とありすぎるくらいだけど、まずは一人ずつ簡単に自己紹介をお願いしてもいいですか?

永松　お久しぶりです、永松麻美《ながまつあさみ》です。私は東京都府中市の出身で、中学までは地元にいたのですが、「勉強しても、どうせ私は一番にはなれない」という気持ちから、高校以外の選択肢を探していました。そうした中で、たまたまドリームプラネットを見つけ、15歳のときに入学したんです。それから卒業後も、その関連会社に就職する形で25歳まで沖縄にいました。

ただ、好きなことをやっていてキラキラして見える周りの子たちに比べ、「自分は流れでそこにいるだけだ」というコンプレックスが大きくなってきて、結局そこをやめて東京に戻りました。その後、自分がずっとニキビに悩まされていてコンプレックスだったからこそ興味があった美容系のサロンに就職したり、専門学校に通ったりして、28のときに自分のエステサロンを開業しました。

森田　森田《もりた》慎《しん》太郎《たろう》と言います。僕は沖縄生まれですが、実はもともとフリースクールに行く気は全然ありませんでした。16歳のときは野宿生活のような暮らしをしていたのですが、そのときに心配した親がたまたま雑誌で白井さんの記事を見つけたようでして。「しばらく会っていない従兄弟に会いに行こう」と言われ、3日分の荷物だけ持って、半ばだまし討ちのようにドリームプラネットに入ることになったんです（笑）。一期生の中では、一番最後の入学でした。

　ドリームプラネットを出てからは、親が経営していた学校法人で保育園の園長をしたり、最近は沖縄の保育士さん向けの研修を企画する会社を経営したりしています。あとはいつも白井さんの無茶振りで（笑）、南相馬の保育園の立ち上げや、白井さんがテレビに出るときのスタイリングなどもお手伝いしてきました。

金城　ご無沙汰しております、金城《きんじょう》麻希《まき》です。私はドリームプラネットの母体である沖縄アクターズスクールに通っていて、そこからちょうど高校進学と同じタイミングでドリームプラネットが開校したので、一期生として入学しました。それからは10代から30代までずっとダンスインストラクターをしていて、ここ数年は会長秘書の仕事もしています。いま3人の子どもを育てていて、産休・育休中なのですが、休みが明けたら不登校児童支援に関わっていきたいなと思っているところです。

知花　知花貫徹《ちばなかんてつ》です。自分はもともと学校に行っていなくて、たぶん小中合わせてトータルで半年くらいしか行かなかったくらいでした。中学1～2年くらいまでは本当に毎日がつまらなくて、死ぬことしか考えていなかったのですが、中3の半ばくらいから「これじゃ面白くないな」と思うようになって。字も書けなかったところから独学で勉強をするようになったときに、たまたまテレビでドリームプラネットができるということを知って興味を持ち、開校の年に入学することになったんです。

集団生活に慣れていなかったので最初は馴染めなかったのですが、少しずつ人との関わりが増え、友達もできるようになりました。ドリームプラネットで2年半くらい過ごした後は、東京のフリースクールに行ったりもしたのですが、結局は沖縄に帰ってきました。一時期は整体の仕事をしていたこともあったのですが、家業の花農家が一番好きでわくわくするなと気づき、いまは自分で花農家をやっています。

「不登校」とは思えない、個性豊かな子どもたち

白井　みんな、ありがとう。それでは、みんながドリームプラネットでした経験の中で特に印象に残っていることがあれば、思い出した人から教えてほしいです。

金城　私からいいですか？　開校の日に、全国から約１３０人の子どもたちが集まってきていたのですが、まず第一印象として「動物園から抜け出してきた動物のようだ！」って本気で思いました！（笑）

一同　（笑）

金城　開校当時６歳〜19歳までの子たちがいて年齢はさまざま。髪の毛の色も

ショッキングピンクから緑色まで、すごい個性豊かでした。不登校やひきこもり、いじめに遭っていたなど、何らかの経緯があってここに辿り着いていたことはもともと聞いていました。でも、みんな明るいし元気だし、すごく優しいし、人思いだし、「本当にこの子たちが不登校なの!?　本来ならそんな苦しい思いをしなくていいはずなのに」と強く感じました。

私自身は、自分が不登校だったわけではありません。いじめの経験を引きずっていたわけではないのですが、客観的に見ても「誰も苦しい思いをする必要がない」が率直な意見です。子育てをする立場になったいまでも、子どもたちに不登校の子たちがクラスに何人かいると聞くと、切ない気持ちになります。子どもたちがのびのびと自分の才能と見つめ合うことができる、そんな教育環境がつくれたらいいなとずっと感じています。

白井　たしかに、卒業生の中には、最近になって「え?　私たち不登校だったの!?」と気づくような子たちもいるくらいだよね。本当にみんな背景もさまざまだし、でもお互い優しいからそこに突っ込みすぎないし、私も聞かない。本当に色んな子がいていい、という空間だったと思います。

金城　とても個性豊かでした。ドリームプラネットで出会ったメンバーは、いまでもたわいもないことでも報告し合ってケラケラ笑いあえる、大切な人たちです。

「沖縄なのに沖縄じゃない」グローバルな価値観に触れられる環境

知花　自分の出身の沖縄の読谷村《よみたんそん》という田舎の小学校には各学年3クラスあったのですが、不登校は自分しかいませんでした。そうなると当時は携帯もスマホもなく、写真も撮った覚えもないのに、みんなが自分のことを知っている村八分のような状態で、外に出るのがとても怖かった。

そんな中でドリームプラネットに通うようになったのですが、当時なぜか自分は英語に興味があって、よく外国人のインストラクター（編注：当時、ドリームプラネットの先生はこう呼ばれていました）と話していました。そこで驚いたのが、彼らは本当に何でもかんでもよく褒めてくれるんです。それまでは親以外に褒められたことがなくて、仮に親が褒めても周りがけなすので「親も間違っているのではないか？」と疑心暗鬼になっていました。しかしドリームプラネットで、生まれて初めてまったくの赤の他人から褒めてもらえて、とても自信につながりましたね。どんなことであってもその子の持っているものを褒めるというのは、とても重要だと思います。

ただ、日本人のインストラクターばかりだったら、自然には褒められなかった気がします。褒めることが当たり前の環境の中で育ってきたであろう外国人インストラクターが多くいたのは大きかったのではないでしょうか。

白井　いまのかんちゃん（編注：知花さんのこと）の話で思い出したのですが、ドリームプラネットは外国人インストラクターのほうが多かったんです。日本の教育を受けていない人たちがたくさんいるおかげで、世界には全然違う価値観があるんだということがナチュラルにわかる環境だったのは、おそらく大事なポイントだったのではないでしょうか。沖縄なのに沖縄じゃないみたいな、とてもグローバルな環境でしたね。

それまでに出会わなかったタイプの人たちとの出会い

永松　私は入学する前にした面談のことが、いまでも心に残っています。私はもともと、とにかく学校に行きたくなくて、周りと馴染めない子どもでした。たぶん協調性がないとか、集団行動が苦手とか、そういうことがベースとしてあったので、小中学校通して、毎日学校に行くということが本当にきつくて。いじめられた時期もあって、本当に学校が嫌いでした。そうして「もう高校には行きたくない。でもいまの自分がそのまま社会でやっていけるとは思えない……」と悩んでいたときに、本屋さんでたまたまドリームプラネットの本を見つけて、沖縄まで面談しに行ったんです。

そのとき白井さんと話して、「こんなに真剣に話を聞いてくれる大人がいるんだ！」と衝撃を受けたことを、いまでもはっきりと覚えています。それまでは学校の三者面談などでも、進路や成績の話しかしないし、自分が普段どんなことを感じていて、どういう気持ちなのかということを話す機会はありませんでした。そもそも気持ちを言語化する方法もわかりませんでしたね。親にもすごく大事に育ててもらっていたとは思うのですが、共働きで忙しくて、あまり私の気持ちまでかまっている暇はなかった。何を話したのかという内容までは正直覚えていないのですが、そんな中で感じていた漠然とした不安を、白井さんはとにかく真剣に目を見て話を聞いてくれた。とても印象的でしたし、そういう大人になりたいなと思ったのをよく覚えています。

それから面談が終わった後に、学校の雰囲気を見るために、たしか給食をいただいて帰ったんですね。そのとき、学校の子たちがすごく明るい感じで「え、どこから来たの？」と声をかけてくれて驚きました。もともといた中学校は、明るい子はだいたいヤンキーで、その他は真面目な子、あと一部暗い子がいるという感じだったのですが、「ヤンキーじゃない明るい子がいるんだ！」というのは驚きでした。

一同　（笑）

永松　それまですごく小さなコミュニティの中で生きていて、学校と家庭しか世界がなかった。塾や習いごとに行っても似たような人たちしかいなくて、出会う人のタイプが限られていました。だから、それ以外の人たちがいるということ自体が新鮮でしたし、「もしかしたら地元を離れたら自分の居場所があるんじゃないか」「違う自分と出会えるんじゃないか」という期待をすごく感じたんです。

入ったら入ったで、さっききんまき（編注：金城さんのこと）が言っていたみたいに、「うわ、すごい動物園感あって怖い」と感じたり（笑）、私はどちらかというと内向的なタイプだったので、自己表現をしっかりできる子に話しかけられて萎縮しちゃったりもしたのですが。でも、いろんな人がいて、いろんな人とコミュニケーションを取れるようになったというのは、社会に出てからもすごく活きているなと思います。それまでの学校では絶対に仲良くならなかった人と仲良くなれたのは、すごく貴重な経験をしたなと思いますね。

フリースクールは〝竜宮城〟か？

白井　もりしん（編注：森田さんのこと）はどう？

森田　難しいですね……僕はもともと家族もあまりいない状態で過ごしていて、衣食住すらままならなかったので、当時はドリームプラネットに入っても、同世代に対して「甘ったれた生活しやがって」と反発心を感じていた気がします。いまでは同志だと思っていますけどね。だから正直、フリースクールでの経験で何かものすごく大きな希望が見えた、という記憶があるわけではないんですよ。フリースクールの経営者への反発や不信感も持っていましたし。だから恥ずかしながら、「ふつうに生きられること」への憧れはいまだになくなっていません。

白井　そうだね。当時はハラスメントの基準も今とまったく違ったので、私も経営側と子どもたちとの板挟みに苦しんで、結局それがきっかけで辞めることになってしまったし、もりしんは特に影響力があって目立っていたぶん、苦労も大きかったと思う。

森田　それから一つ覚えているのは、ドリームプラネットにいるときに恩納村のあたりに通信制高校ができて、「高卒の資格が取りたいな」と思ったことがあったんです。やはりドリームプラネットは〝竜宮城〟なんですよ。〝地球〟は別にあって、そこに帰ってやっていくためには、ある程度は高卒などの学歴が必要になる。学歴なんてくだらないと思いますが、それでも持っていないと話にならないという現実が、残念ながらある。だから今でも、フリースクールに通う子にはできるだけ高卒資格を取ることをおすすめしています。

人は変わらない。だからこそ多様な選択肢を

白井　最後に、この本を読んでくれる人、いまの教育に何らかの違和感や行き詰まりを感じているような人たちに、一言ずつメッセージをもらえますか？

知花　では自分から。義務教育をほとんど受けてこなかった身として思うのは、やはり学校には行ったほうがいいということです。親や身内とだけで過ごしてしまうと、コミュニケーションの取り方がわからず、社会性が絶対的に欠けてしまう。そこは自分も後でとても苦労しました。もちろん学校だけに縛られる必要はないとは思うのですが、何らかの形で集団には属していたほうがいいと思います。無人島で一人で生活するというわけにはいかないので。

それからもりしんが言っていたように、進路の幅を狭めないためにも、やはり高卒の資格は取っておいたほうがいいと思います。学力もつけておいたほうが、誰かのためではなく、自分のためになる。自分は当時学校に行かなくて「自由」だと思っていましたが、それは「わがまま」だったなといまでは思います。

金城　私も「自由」を求めてフリースクールに入ったのですが、手に入れて初めて「自由」の難しさを感じて、やはりある程度カリキュラムや大人の力はまだまだ必要な時期だなということを学びました。

一方でもう一つ思うのは、白井さんが約30年あまり不登校児童の支援に携わり続けていることはすごいことだし、ありがたいことだなということです。いまの社会では、小学校や中学校で校則やルールで縛っておいて、卒業した後は「自由に羽ばたきなさい」と言うような仕組みになっていますが、やはりそれだけではちょっと厳しいのではないでしょうか。学校での経験はすごく大事なのですが、その学び方や学ぶための環境は、まだまだ整えていかなければいけないなと。ドリームプラネットに通って、そして親として子どもたちを育ててみて、すごく感じているところです。

森田　さっきもお伝えしたように、僕はドリプラは〝竜宮城〟だと思っていて、ドリプラの人たちと出会えたことは本当に素晴らしいことだと思っています。ドリプラの人たちが頑張っているから自分も頑張ろうと、本気で思える場所になっていますし、スタッフさんもほとんどは素晴らしい人たちばかりでした。

ただ、そんな素晴らしい〝竜宮城〟だからこそ、出てからは〝浦島太郎〟になってしまい、それなりの借金を抱えることになってしまう。やはり日本というのは、高卒や大卒じゃないと発言権があまりないんですね。見えないカーストがあるわけですよ。そういうバリアを取るのに、僕は40歳過ぎまでかかってしまっています。僕は中卒なのに大卒の資格を取りましたが、わざわざ発言権を得るために大卒を取るのって、何も楽しくないし、本当にくだらない。義務教育を大学までにして、自動車の運転免許を取るくらいの感覚で当たり前に大卒の資格が取れる、だからこそ「どこの大学に行きました」と言う必要もないような社会に、早くなってほしいなと思っています。

永松　私も繰り返しにはなってしまいますが、義務教育の期間、本当に周りに馴染めない生きづらさを感じていたし、社会に出てからも周りに必死に合わせているのに合わせられないキツさをずっと感じてきました。そうした差を、努力して埋めるというのが学校教育の考え方だと思いますし、私も社会に出たときに「頑張って普通にならなきゃ」とものすごく頑張った。

でも、できなかったんですよね。そのとき自分の特性というか、持って生まれたもののまま、どうにか生きていくしかないと割り切ったんです。そうして協調性がなくて周りに合わせられないところを活かす方法として、独立することを決めました。人としては成長したと思っていますが、もともと持って生まれた特性って変わってない気がする。だから自分のだめなところを良いところに転換して生きていくための方法が、もっと広がるといいのになと思います。

白井　みんな、今日は話しづらいことまでたくさん話してくれてありがとう。私が続けてこられたのは、本当にこの子たちのおかげだなと改めて思いました。この子たちの存在があったからずっと続けてこられたし、やりがいを感じられた。……それにしても、こうして色々とみんなと話していてもつくづく思うのは、25年経っても人って変わらないんだな、ということ（笑）。

一同　ほんとに（笑）

白井　日本の教育って、それなのに子どもを変えようとしている。大人が子どもを変えるという無理ゲーに挑戦してしまっている。だから皆がしんどいのだと思います。みんなが最初に出会ったときから魅力も特性もそのまんまであるように、自分が合った学びじゃないと身にならないはずなのに。

もちろん教育の場は必要なのだけれど、そうした多様な子どもたちに対する多様な教育の場を国が用意できていない。学びたいけど学べない子どもたちがたくさんいる。だからもっと選択肢を広げていこう——みんながこうして活き活きと活躍してくれていることこそが、この本で提示していきたいメッセージの何よりの裏付けになるなと、今日は話を聞きながら改めて思いました。本当にありがとう。

第三章

3

「脱『学校』」のための
「5つの提案」

第一章で現在の教育の問題点、第二章で私がそうした考えを抱くようになった背景をお伝えしました。第三章では、それらの前提を踏まえ、これから目指す新しい教育のかたち、すなわち具体的な「代案」を提案していきます。

大前提として、第二章でも書いたように、どういう人になりたいかはその子によって違うので、「こういう子に育てたい」という画一的な方針はあえてもたないようにしています。しかし、これまでフリースクールで実践してきたように、子どもたちが伸び伸びと「自分らしさ」を発揮できる「環境」を整えるのは、大人の役目です。第三章では、誰も取り残されない教育を実現するために、これからどのような環境を整えていくべきなのか、そんな視点からこれからの教育のあり方について、具体的な道筋を提案したいと思います。

「正解」がわからない時代の教育

具体的な提案の話に入る前にまず、これからの教育に大前提としてインストールされるべき考え方について書いていきます。まず前提にあるのは、「誰も『答え』

を知らない」という認識です。テクノロジーの台頭もあり、社会は目まぐるしく変化しています。地球環境は大きく変化し、大きな災害も発生し続けている。ほんの数年前は、未知のウイルスが世界を大混乱に陥れ、国家間で領土をめぐる戦争が起こり、それを誰も止められないような事態なんて、ほとんどの人が想像していなかったのではないでしょうか。

「何が起こるかわからない」、そんな時代を生きていくための「正解」を知っている人は、誰一人としていないでしょう。私たち大人も含めて、「正解なんてわからない」。であれば、あらかじめ用意された「正解」を記憶し、吐き出すことの正確さとスピードを競うことにどれほどの意味があるというのでしょうか。今や明らかにAIにかなわない能力を人間同士で競う時間がもったいない。

そんな中でいま求められているのは、「どんな事態に相対したとしても冷静に対応し、自ら問いを立て、その問いに対して答えを出していくこと」であり、「出した答えが正解でも不正解でも自ら責任を取って前に進んでいく姿勢」なのではないかと思います。そして、教育はそういった力や姿勢を、子ども一人一人がそれぞれに合ったかたちで身につけるための環境に変わっていく必要があるのではないでしょうか。

そして、既存の教科書の知識を身につけるだけでは、この何が起こるかわからない、予測不能な時代を生き残ることができないのは自明と、大人すら漠然とした不安を抱えています。いわんや子どもたちをや。だからこそ教科書にあるような「答えがある問題」ではなく、「答えがない問題」にそれぞれの答えを出していく力が必要になります。ときにはみんなで知恵を集め、課題を解決するために何かしらの答えを出していくことが必要な場面もあるでしょう。そして、出した答えが「正解」かがわからなかったとしても、他者のせいにせずに、自ら出した答えに対する責任を取って前に進む。そんな力と姿勢を、それぞれの子どもたちが伸び伸びと身につけられるようにするための環境を、これからの教育は提供していくべきだと思うのです。

本来誰にでも備わっている「偏り」や「チャーム」を大事にする

では、「どんな事態に相対したとしても冷静に対応し、自ら問いを立て、その問いに対して答えを出していく力」、あるいは「出した答えが正解でも不正解でも自ら責任を取り前に進む姿勢」を身につけるには、具体的にはどのような教育のあり方が求められるのでしょうか。

私はこれからの時代を生きる子どもたちにはすべての分野、能力で優秀である必要はなくて、「ここだけは誰にも負けない」という「偏り」が強みになる時代がきていると思っています。そう言うと、「全員が特別な才能を持っているんですか？」と疑問を持たれることが多いのですが、私がイメージしているのは、必ずしも世界的なアーティストが持つような芸術の素養や、大谷翔平選手のような突出した才能だけではありません。「笑顔が素晴らしい」（手前味噌ですが、私自身はこの言葉を幼少期からたくさんもらったおかげで、自分の自己肯定感がかたちづくられたと思っています）。「絵が上手い」「性格が抜群にいい」といったようなこと。それらも立派な才能だと思っていますし、そういった「その子の特徴」を寄せ集めたものが「偏り」「トンガリ」になるのではないかと思っています。

なにも、「ゼロから『偏り』を生み出そう」と言いたいわけではありません。なぜなら、人はそもそもみんな偏っているから。それなのに、既存の教育によって、その偏りがないもの、あるいはあってはならないもののように扱われてしまっている。偏らず、みんなと一緒であることが評価される教育を受けているがゆえに、せっかく生まれ持った自らの偏りを否定し、なくそうとしてしまっている人が多いと感じ、これはあまりにもったいないことだと思っています。それぞれが持つ偏りを、偏ったまま伸ばしてあげることができれば、素晴らしい能力が開花することを、私はフリースクールの子どもたちに教えてもらいました。

既存の教育は、全員に対して同じペースで同じことを教えてきました。「同じペースで進むこと」が大事なのですから、たとえば数学の授業中にテントウムシが机の上を歩いてきてそれに興味を持ったとしても、一人だけそのテントウムシを追いかけ、研究することは許されない。「みんなで授業を受けているのだから、勝手なことをしてはいけない」という暗黙の了解があります。しかし、本来はそれもその子の「偏り」を伸ばす絶好のチャンスだと思うのです。ふとした瞬間にどうしようもなく何かに心が惹《ひ》かれたとき、その感覚を追求することが許される環境なのか否かによって、人の「偏り」が育つかどうかは大きく左右されるように思います。

実際、池田のフリースクールで当時小学校3年生にあたる年齢だったある男の子は、とにかく大人数の中でじっと座っていることが苦手で、教室に入ることも難しく、入ったとしても奇声を上げてすぐにどこかに行ってしまうような子でした。

公立の学校でみんなと同じことを強要される指導に荒れてしまい、親子ともに教師を信頼できなくなり、フリースクールにやってきたその子に対して、我々は好きなときに、好きなように、好きなことを学べるようにサポートをしていました。やがてその子は気まぐれにひょこっとフリースクールに現れては、YouTubeなどを用いながら、自発的に英語を勉強し始め、いつの間にか英語を話せるようになっていました。

あるとき、私が誰もいない教室に入ると、黒板にそれはそれは見事な絵が描かれているのを目撃します。どこかの街を思い浮かべて描いたのか、空想上の都市だったのかはわかりませんが、たくさんの建物と、その建物を縫うようにびっしりと数式が書かれていました。その絵をうまく言葉で表現することは難しいのですが、私も含め、その絵を見たすべての人が「天才が描いた絵だ」と信じるに足りる、そんな絵だったのです。圧巻でした。「これ、誰が描いたの？」と聞き回って、案の定、その男の子が、その子につきっきりで寄り添っていた、心優しい臨床心理士さんが見守る中で描いたものと知りました。これを描いた「天才」は「じっとしていることが苦手」な可愛らしい3年生の男の子でした。

たられればの話になってしまいますが、もし私たちが「授業中は静かに授業を受けましょう」「みんなと同じことを、同じペースで勉強していきましょう」と指導していたら、その子の自己肯定感も偏りも、失われ続け、「天才的な絵」を描くことも、YouTubeを活用して自発的に英語を学習することもなかったのかもと思います。こういった経験の数々が、どんな子どもにも「偏り」があり、それをのびのびと伸ばせる環境を提供することが教育のあるべき姿なのだという私の思いを強化していきました。

そして、その偏りの先には「チャーム」、その人にしかない魅力があります。すべての人に偏りがあり、すべての人にはチャームが備わっているし、それを輝かすことができると私は信じています。

ルールで縛るのではなく、「自分らしさ」に出会うチャンスをつくる

そのための大前提が、互いの「偏り」を認め合い、活用し合い、お互いの自己肯定感、自己有用感を高めていくことだと、私は考えています。すべての人が自らのコンプレックス（それは社会によってつくられた基準や規範を知る中で芽生えることも多いように思います）を逆に自分にしかない魅力と捉え、そこを大事に育てていくことができれば、それがチャームに繋がり、誰かを愛し、愛される人になることにつながるはず。

とはいえ、自分のことは自分が一番よくわからない、というのは自然なことです。自らの偏りやチャームを客観的に捉えられる人は、むしろ少ないでしょう。

だからこそ、子どもたちの周囲にいる大人が「あなたのいいところはここだよ」と伝えることの積み重ねが、子どもの自己肯定感を高めることに直結していきます。

実際、いまフリースクールの教え子たちと会っても「昔、校長はこんなことを言ってくれたよね」と、私が20年以上も前に言ったことを教えてくれることは少なくありません。むしろ伝えてくる子はごく一部で、無意識に心の中に大人が伝えた言葉を持ち続けている子の方が多いのだろうと思います。

私自身、オーストラリアにいたときに学校の先生から言われた言葉を、いまでも覚えています。日本における床に直接座る際の正しいマナーは正座ですが、オーストラリアではなんと、あぐらがそれにあたりました。ある日、教室で何気なくあぐらをかいて授業が始まるのを待っていたら、「みんな、トモコを見てごらん！レディーがここにいるよ！」と言われて、くすぐったくも誇らしい気持ちになったこと、はっきりと覚えています。大人の言葉は、大人が思っている以上に子どもの心に残るものです。

ただし、変にわざとらしくても子どもは気づくもの。オーストラリアで先生から言われたのも、自然な言葉だったからこそ私の心に残ったのだろうと思います。フリースクールでも、私が「あなたのこんなところがすてき、素晴らしい」と言うのは、本当に心からそう思ったとき。それと、基本的に子どもたちが何かに悩み、相談に来たときでした。求められたときに、あるいは何気ない日常のひときの中で、言葉をかけることが重要だと思っています。親から受け継いだものも含め、どこがその子の魅力なのかを先入観なしに見つめると、いくらでも出てくる。褒め言葉に苦労したことは、ありません。

しかしながら、今の教育現場はその逆を行っているように思えてしまうのです。たとえば、服装。「どんなものを身につけるか」、あるいは「どんな髪型にするか」を決めること。自分をどう見せるか、言い換えれば自分自身のあり方を決めることは、自らを魅力的に見せることは人間関係を紡ぐ上でも重要な要素であるにもかかわらず、多くの学校では校則の名の下に、服装や髪型の自由を奪っている。

我が子の遠足の持ち物リストに「帽子、ただしファッション性がないもの」とわざわざ書いてあって、唖然《あぜん》としたことがありました。おそらく何十年も前に、個人差がつかないようにと考えられたルールがそのまま残っているのだと思いますが、今の時代にはそぐわない。子どもたちから自らのチャームを伸ばす機会をわざわざ減らしているようにさえ感じます（無論、私学等で、その考え方を初めから提示していて、それを求めて生徒が入学する場合には、また別の話だと考えています）。

沖縄のフリースクールでは、髪型や服装に関するルールは特に設けていませんでした。「TPOを考えて、あまり露出度の高いものは避けてね」とお願いする程度。みんな最初は自由だーと喜んで、髪の毛を七色にしたり、奇抜な服を着たりするわけです。私たち大人がそれを否定することはありません。似合っていたら褒めますし、似合ってなくても、ああ、やってみたかったんだなーと見守るだけで、特に何も言わない。そうすると、子どもたちは自ら「あんまり似合ってなかったかな、もっとこうした方がいいかな」と感じ取って、髪型や服装を模索するのです。お互いに意見を求めたり、試行錯誤を繰り返しながら、あっちに行ったりこっちに行ったりしながら、「自分らしい」に辿り着く。実際にそういった光景をあちこちで目にしてきました。
　もちろん、「おしゃれをしないといけない」と言いたいわけではありません。「おしゃれさ」にもまた、人それぞれの尺度がありますし、優劣を競うようなものでもない。こと幼少期においては、着る服も髪型も親のセンスや財力に左右されることは避けられない。おしゃれさにもまた学力と同じく「親ガチャ再生産」の結果が反映されてきた面も否定できないと思います。繰り返しになりますが、良くも悪くも親から影響を受けることは免れません。ですが、それで人生の〝優劣〟が決まってしまうなんてことはあってはならない。だからこそ、大人は冷静に子どもたちが持って生まれたものの中でここが素敵、というものを指摘し、褒めるだけで、褒められるとまたその素敵な部分が花開く。その繰り返しで、それぞれの子どもの偏りがチャームになると私は考えています。

　子どもたちは芸能人に憧れて真似をしたりしますよね。私もそうでした。でもテレビにちょこちょことでも出る側の人間になってみてつくづく思うのは、長く広く人気を得ている芸能人の方たちは、自分に似合う服、髪型、メイクについて、他者からの客観的な目で助言をもらった上で、それを自分のセンスで取捨選択し、上手に取り入れられている、ということです。雑誌を見て、素敵！と思って同じ髪型やメイクにしてもなんだかしっくりこない。それはそうです。顔の骨格もつくりもそのモデルさんとは違うのだから。

実際私自身も高名なブランディングのアドバイザーから「好きなものと似合うものは違う。どちらをとるのか」と選択を迫られ、似合うものを選んでもらって取り入れるようにしたら、仕事がぐんと早く進むようになりました。「人は9割、見た目で印象を決めるもの」と言われますが、まさにそれを実感しました。ゆるふわな服装で首相官邸の会議に出ていた頃は「あやしいNPOの代表」という扱いだったのが、あえて大事な場面で「信頼感あるシャープな服装」に着替え、初めての方々にお目にかかると、説明もプレゼンも一切必要なく「あなたにお任せしたい」と言われるようになったのには内心びっくりしました。今テレビに出るときの衣装をよく褒めていただくのですが、選定は私を25年知ってくれている元生徒がやってくれています。ヘアメイクも、もう10年以上お願いしているご夫妻にお任せしています。

子どもたちにもただただ「ファッション禁止」にするのではなく、失敗が許される時期だからこそ、色々試して、自分らしさに出会うチャンスをつくりたい。チャーミングに個性豊かに育っている元生徒たちを見て、みんなにこうなるチャンスがあるといいな、と思います。

カギは「先生の役割を変えること」

「正解」がわからない世の中で、誰も取り残さない教育を実現するためには、それぞれの子どもが、自らの「偏り」や「チャーム」をもとに「答えのない問い」に取り組み続けることのできる環境を整える必要がある。そんな大前提となる考え方をベースに、ここからはいよいよ、脱「学校」に向けた具体的な5つの提案を書いていきます。

そのカギとなるのは、「先生の役割を変えること」。本書でも繰り返し指摘してきたように、「一対多数」という図式の中で、子どもたち一人一人に合った指導を行うのは根本的に無理があります。先生と子どもが限りなく「一対一」に近い関係性を築ければ、個別最適な学習に近づけるのですが、コストを考えると、持続可能ではない。

　では、どうすべきなのでしょうか。そこで「先生の役割を変えること」が、これから必要な道筋だと考えています。これまで先生とは「勉強を教える人」だと考えられてきましたし、実態としても、先生の主なミッションは「子どもたちに勉強を教えること」とされてきました。その上にまた生徒指導、生活指導、事務仕事、地域との交流など、役割があれもこれもと増えて、ブラックな労働環境と言われ、ＳＮＳも実名で声を上げられない先生方による匿名の悲鳴であふれかえっているのが現状かと思います。

　だからこそ、ここから変えていく必要があると考えています。先生の役割を変え、誰も取り残さない教育を実現するための５つの提案について、ここからは詳しく説明していきます。

提案（1）子どもたち一人一人に自分に合った学びの選択肢を

提案（2）AIを活用した個別最適な教育で、
先生は「学びのコーディネーター」に

提案（3）「学年」へのこだわりから解放し、
「比較からの自由」と「異質なものと共生する力」を

提案（4）「放課後」もアップデートする

提案（5）子どもも大人も互いに「教え、教えられ」、
誰もが学び続けるコミュニティをつくる

提案（1）子どもたち一人一人に自分に合った学びの選択肢を

この本全体を通して繰り返しお話ししている、「子どもの選択肢を増やして、誰も取り残されない教育をつくる」というテーマ。私がこれを諦めないのには理由があります。誰も取り残されない教育を実践している自治体をこの目で見たからです。

今から約10年前、フィンランドのコトカ市。当時５５００人の小中学生がいた中で、不登校児童生徒数はゼロでした。体調不良で長期欠席の子どもは３人いましたが、全員が個別対応で教育を受けていました。つまり、教育を受けられていない子どもは一人もいなかったのです。

当然、全員がいつも喜んで学校に通うわけではなく、行き渋りは起こります。その際に、その子だけ時間割を変える、クラスを変える、学校を変える、校長が迎えに行く……とにかく一日に一回学校に来てもらうためには何でもやりますと、ある学校の校長先生が教えてくれました。いじめやトラブルが起こったときには、医師、心理士、作業療法士など専門家のチームがすぐに編成され、当事者の親子をサポートする。発達課題を持った子どものためには、その子の特性に対応した教材や器具を公費で購入し、活用する。

北欧では、ホームスクーリングも認めているのではと勝手なイメージを持っていましたが、意外なことに「原則として認めていない」という答えが返ってきました。

その理由は、親といえども虐待をする可能性があるから。一日に一回学校に来てもらうことによって、最低一食は温かく栄養バランスがとれた給食を保障することができる。薄汚れた服装をしていたり、あざがあったりしたら、虐待の可能性にも気づくことができる。全員が学校とつながっていることによって、学校がセーフティーネットの重要な拠点として機能していることがわかりました。

一人一人の子どもに寄り添い、子どもの側に選択肢を提供することによって、誰も取り残されない教育は実現できるのだと、このときに確信したのです。

「誰も取り残されない」を実現するために、フィンランドと日本、公教育にかけているお金の額が全然違うことは、学校に一歩足を踏み入れればわかります。とはいえ、彼我《ひが》の差を嘆いてもいられません。日本の公教育の環境が決して豊かとは言えないからこそ、与えられた環境が合わなかったときに、他の選択肢を探し、教育が途切れないようにするということが、ますます重要なのだと思います。

実は、松下政経塾時代の私の研究テーマは「学校選択の自由」でした。オランダでは小学校入学時から自由に学校が選べると聞き、調査に行ったら現地の人に「日本人は自分の学校を自分で選べないのか？ そんなの、自分の人生を自分で選べないってことじゃないか！」と驚愕されました。

オランダでは、100年以上前から学校選択の自由が保障されており、小学校入学前になると、親子で学校を見学し、自ら選ぶ。行きたい学校が遠くにしかないときは、そこに通う費用まで国家が負担する。徹底した選択の自由の保障が、そこにはありました。

そうなると、色んな希望が交錯して、収拾がつかないかと思いきや、そんなことはなく、大半の家庭は、近くの学校を選んでいました。自分たちが住むコミュニティの中で育てられるなら、それが望ましい、という認識が共有されているからです。選択肢があるからこそ、バランス感覚が働く、という好例を見た気がしました。

子どもたちに選択肢を提供すること。それによって家の外の大人と誰とも繋がれていない子どもをゼロにすること。そこに一歩一歩、近づいていくことしか、親ガチャをなくしていく道はないと私は考えています。

提案（2）AIを活用した個別最適な教育で、先生は「学びのコーディネーター」に

第一章で、「不登校」の子どもが約30万人、「長期欠席」まで合わせると約46万人もの子どもが学校に通えていないという事実を述べました。国としては1950年から「長期欠席者」の数を把握するための調査をしていますが、さまざまな理

由から「学校に通えない」子ども、すなわち不登校の生徒の存在は〝無視〟されていました。2017年に教育機会確保法が施行されるまで、不登校の子どもは法律上は〝いない〟ことにされていたのです。

子ども全員が同じ方向を向いて同じスピードで同じことを学ぶ詰め込み型の教育からの脱却をはからない限り、この状況は変わらないと私は考えています。もちろん、そういった教育をしている先生方が悪いと言いたいのではありません。小学校では一人の先生が国語から算数、社会や理科まであらゆる教科を教えていますが、その先生と相性が合わない生徒（私自身、まるまる2年間、この先生が何言ってるのか理解ができない、という担任に当たったことがありました）は少なくとも1年間は逃げ場がない。そうした既存のシステム自体が問題なのです。

さらに大きな問題を抱えているのが、中学校における教育だと思っています。小学校とは違い教科担当の先生はいますが、内容が高度化する中で全員に対して同じ方法とペースで全員に同じことを理解させるなんて、どう考えても無理、ということが毎日行われているのです。先生方もそれがわかっているからこそ、先述した「授業参観でプリントをやらせる」ような事態が起こってしまうのでしょう。

30〜40人に対して、黒板を使いながら同じことを教える従来の方法でも問題ないという子どもはたしかに存在します（「あの方法が絶対にいい！」と言う子には会ったことがありませんが）。しかし、この教育の方法は、あくまでも「クラス全員にとって最適な方法」がないから仕方なく導入しているものに過ぎず、ベストだとは言い難い。ある調査によれば、25％もの中学生が教科書を読めていないそうで、それは私が現場で持っている実感とも一致します。つまり、既存の教育法では「文章を読む」ことが学力をつける上で必須の能力になっているにもかかわらず、それができない子を置いてけぼりにしているということです。そして結果的にその教育に適応できない子を排除してしまっています。「このままでいい」理由は、私の知る限り、見つけることは難しい。

そう言うと「日本の学力レベルは世界の中でも高いとされてきたじゃないか」といった意見をもらうことがあります。しかし、これは「学校に通っている生徒」

を基準にした場合であって、「学校に通えない生徒」は無視されてきた。これまで日本の教育は、この事実に蓋をしてきたのです。

一人一人の子どもに合った内容を、一人一人の子どもに合ったペースで教える教育に変えていくことが、これからの時代を生き抜ける子どもを育てるには必要です。目で学ぶ子、耳で学ぶ子、手で、身体で学ぶ子……「学び方」にも個性があります。その個性に寄り添い、それぞれに合った指導をすれば、子ども一人一人、必ず伸びます。

この、人力だけに頼れば途方もないコストがかかる話を持続可能にするには、デジタルの力を活用していくことが必要と考えています。たとえば、ＡＩを利用した習熟度の分析。民間の企業が単元ごとの習熟度を判定し、どの単元が弱点になっているのかを分析したうえで、パーソナライズされた問題集を作成するようなＡＩラーニングシステムを開発しているように、個々の理解度や取り組んだスピードを瞬時に分析してその後の教材をデザインしていくことなどはＡＩの得意分野です。先生が一人一人の生徒に向き合い、ＡＩと同じことをやろうとすると、途方もない時間と労力をかけなくてはならず、現実的とは言えません。そこで、特に基礎学力を確実に身につけるためにはＡＩを導入する選択肢も増やし（もちろん、紙の教材が必要な子どもにその選択肢を残すのも重要なことです）、その進捗の記録を自動的に確認しながら学習を進めていくことができると良いと考えています。

そして基礎学力の学習以外、つまり「偏り」になるような専門性を獲得するための学習については、オンラインコミュニケーションツールなども活用しながら、「その道のプロ」に教えを請うような形がこれからはありうるのではと思っています。学校の先生たちが個々に対面での授業法を磨くよりも、世界中の最先端のオンラインの学び動画授業の中からそれぞれに合った学び方を選んだ方が子どもの学びの効率は上がる。効率化で生まれた時間は、リアルでしかできない探究やその土地にしかない学び、そして他者とのコミュニケーションにあてることができます。

その際、子どもたちが何を学び、何を学んでいないかを可視化する「学びのログ」を取ることは必須になると考えています。なぜならば、全員が画一的なカリキュラムに沿って学びを深めていくわけではない教育では、ともすれば、何も学んでいない子が気づかれないで放置される可能性がある。それを防ぎ、「誰も取り残されず、全員が楽しく学び続けられる」状態をつくるためには、どこで誰がどんなことを学んだのかについて当事者にも指導者にも負担にならないような形で、記録を残す必要がある。

現在の公教育では多くの場合、各個人が何をどう学んできたかという情報が、担任以外に共有されません。たとえば、体育であれば「泳ぎが苦手」、算数であれば「分数の割り算がまだ理解できていない」といったような基本的な情報も、学年が進み担任が変わると受け継がれていかないのが実情です。教科の評価は一学期に一度の通知表で1~5の数字やA~Cの評価をされるだけ。先生は生徒一人一人の学びに関する膨大な情報を持っているにもかかわらず、それを一人で抱えたまま、データが活用されず、引き継がれもしない状況になっている。そんな状況下で連続性と関連性を持つ知識群を、30~40人に対して同時に理解させ、その知識を使えるものにするなんて芸当ができる人は、果たしてどれくらいいるでしょうか。

発達に特徴がある子どもの親も、クラスが変わるたびに同じ内容を担任に話しに行かないといけないことに疲弊しています。一生懸命伝えた情報も、指導に活かされることは少なく、案の定トラブルが起こり、学校へ行けなくなる、ということが繰り返されると、もう学校と連絡をとることさえ億劫《おっくう》になってしまう。子どもの成長の記録やデータが引き継がれないこと、共有されないことが、不登校や落ちこぼれを生み出してしまう一つの要因になっています。

ただし、人の目と手だけで記録を残すには膨大な事務量が発生します。そこで重要になるのが、テクノロジーの活用だと考えています。この国では、子どもの教育にかける予算が低いことに関連して、民間が持っている最先端のテクノロジーやビッグデータが子どもの教育のためにはほとんど活用されておらず、もったいない状況になっています。学校と社会のテクノロジー活用の差が、そのまま分断の一つの要因にもなっているのではないかとすら思えるほどです。さまざまなテクノロジーを組み合わせることによって「全員が学び続ける教育」に近づけることができるのではと考えています。

しかし、子どもたちにコミュニケーションの前提となる言語能力や、いわゆる社会通念がインストールしきれていない状態では、その道のプロから直接教えを請ううえでの、心理的、能力的なハードルが立ちはだかります。その状態の子どもたちをフォローする大人が必要になるでしょう。その役割を担うのが、先生方だと思っています。いま実装を進めている「子どもも大人も学び続けるコミュニティ」の中における先生は、「一斉授業を行う」のではなく、「一人一人の生徒の学びをモニタリングし、適した学びに導く」学びのコーディネーターやナビゲーターとしての役割を担うことになると考えています。

具体的には、先述した「学びのログ」を参照しながら、その子に合った学びのかたちや進め方を一緒に考え、実際に必要な人や場やツールにつないでいくイメージです。また、子どもたちがつまずいた際のサポートやメンタルケアなども、先生方が担うべき重要な役割になると考えています。

子どもたち一人一人の学習の進捗を把握し、パーソナライズした学習計画をつくるのは簡単ではありませんし、手間もかかります。だからこそ、前述したテクノロジーの力が重要になります。学習ログや子どもの適性を見極めるためのデータなどを活用しながら、学びをサポートする。それが、これからの時代の先生たちに求められる役割になってくると考えています。

実際に、テクノロジーを駆使した先進的な取り組みをしている公立校も存在します。とある東京の区立中学校は、テクノロジーなどを取り入れた革新的な教育法で一時期大きな注目を集めていました。具体的には、数学の授業ではＡＩ型タブレット教材を活用し、アダプティブラーニングを授業に導入。また、一部の学年では授業での利用に加えて、家庭学習にもＡＩタブレット教材を用いていました。さらに、学習が効率化されたことで捻出された時間を活用して、授業でドローン、ＶＲ、３Ｄプリンタといった最新テクノロジーを活用したＳＴＥＡＭ学習（科学や数学、芸術などを横断的に学び、問題を見つける力や解決する力を育む学習）も実施したとのことです。結果、アプリを使って学習した単元のテストの偏差値が、アプリ利用前の単元テストの偏差値よりも向上するなど、確かな成果を上げていました。

しかし、その取り組みは、人事異動により、突如として終了することになります。同校の革新的な取り組みは、校長の旗振りによって進んでいました。しかし、異動してきた新たな校長が方針転換を打ち出し、改革前の教育に逆戻りしたのは有名な話です。このことは学校教育をアップデートしていくことの難しさ、そして「学校」というシステムの閉塞感を示しているように思います。

参考までに、池田市のフリースクールで実践してきた「個別最適な学び」の風景をご紹介します。カリキュラムはざっくり、午前中が「個別学習」、午後が集団

スマイルファクトリーにて、タブレット教材を使用した個別指導でのひとコマ

の「体験学習」。一人で学習したい子は別部屋で学習することもできます。

個別学習では、子どもたちがＡＩタブレット教材、自分で選んだドリル、学校（原籍校）から出された宿題など、思い思いの教材を持ち込んで学習していました。学年関係なし、皆が違う教材に取り組んでいるので、他者と自分とを比べる必要もありません。子ども４～５人に一人の割合で教員や学生ボランティアなどの大人がサポート役で入り、わからないところ、つまずいたところをマンツーマンでサポートしていました。勉強が苦手だと思い込んでいたが実は学び方が合っていないだけだったという子どもは多く、合う教材を一緒に探したりもしていました。

午後の学習では、学年関係なく、誰もが楽しんで学べるさまざまな体験を先生方が工夫して授業にしてくれていました。毎日時間割が変わるのですが、特に美術や体育など、多くの子どもが元いた学校では好きではなかったという科目がフリースクールでは人気なのです。「人と比べられて点数で評価されたりしない」というだけで、伸び伸びと身体を動かし、クリエイティブな活動にも喜んで取り組むのはとても示唆的だと感じました。

こうして一人一人少しずつ学んだ内容が異なるので、それぞれの子どもが日々学習した内容を自分の手で記録として残してもらっていました。それをコピーしたものを原籍校に送り、出席認定をしていただいているのですが、このプロセスが今後はＤＸでより効率化していくと、浮いた時間を子どもたちの学びをより進化させるために使えるのではと期待しています。

提案（3）「学年」へのこだわりから解放し、「比較からの自由」と「異質なものと共生する力」を

これまで述べてきたようなコミュニティをつくることは、子どもたちに「異質なもの」との出会いを提供することにつながると思っています。現実社会は、さまざまな性質を持った人たちによって構成されています。当たり前のことではありますが、社会に出てしまえば、バックグラウンドも年齢も性格も、何もかもが異なる人たちと関わっていかなければなりません。同じ学年の人たちだけの集団で何かをする場面というのは、むしろほとんどない。

しかし、生まれた年で「学年」が決められてしまう学校の環境は、そんな社会のありようからは乖離《かいり》してしまっている。現実の社会とはかけ離れた環境で均質な教育を施そうというよくわからない努力をしているのが現状の教育のように見えます。特に子どもの数がそれほど多くない場合、年齢による区切りは、設けない方がメリットが大きいように思います。

参考になったのは、私自身が幼少期に通っていたオーストラリアの小学校です。その学校では肌の色も、生まれた国も、そして年齢もバラバラの子どもたちによってクラスが形成されていました。いちおう「学年」はあったものの、複式学級が当たり前に存在しました。私自身も、2年生の比較的勉強ができる子たちと、3年生のあまり勉強ができない子たちが集まり、授業を受ける、という複式学級に籍を置いていました。そして、「3年生なのに2年生と同じクラスに入ること」で、劣等生の烙印を押される、などという光景は、少なくとも私が知る限り、見ることはありませんでした。生徒も先生も、そしてコミュニティも「自分に合った方法とスピードで勉強を進めること」を当然のことだと認識していたように思います。

普通の公立の小学校で宗教の授業があったことも印象に残っています。キリスト教、イスラム教、ヒンドゥー教といった宗教のことを学ぶための授業があり、生徒はどのクラスに参加するかを選ぶことができたのです。私は母から「せっかくキリスト教圏の国に来たのだし、キリスト教について学んだら？」とアドバイスされ、キリスト教のクラスに参加していました。私は信者ではありませんが、キリスト教の考え方、文化について幼少期に学んだことは、自分にとってとてもプラスだったと感じます。「違い」があることを当たり前とし、その「違い」を理解し合い、共に生きていくための方法を学ぶ機会があった。小さい頃、そういった環境と機会に触れたことが、私自身の人格形成に大きな影響を与えたように思います。

そういう背景もあり、私は自分のつくってきた教育では、「学年」という区切りを設けることは一度もしていません。沖縄でフリースクールを開校したときからこれまで一貫して、「学年」をつくらず、さまざまな年齢の子が場面によってさまざまなグループの中で活動するというかたちをとってきました。

興味深かったのは、学校に見学しに来た親御さんから必ずと言っていいほど「うちの子と同じ学年の子は何人いますか?」という質問を受けたことでした。この質問は、これまでの学校教育が生み出した「思い込み」を表しているように感じました。つまり、既存の学校教育を受けてきた親御さんたちは「同じ年齢の子が近くにたくさんいる環境の方が過ごしやすいだろう」と思っている。だけど私の経験上、「同じ年齢の子の人数」と居心地の良さに相関関係はありません。子どもたちの様子を見ていると、年齢をごちゃ混ぜにした中では、大抵の場合、まず歳がうんと離れた子同士が仲良くなります。なぜそうなるかと言うと「比べずに済むから」だと思うのです。どうしても子どもたちは自分と同い年の子どもを比べてしまう。特にフリースクールに来るような子たちは自分と周囲を比べて劣等感を抱きがちな子が多いのですが、歳が離れた子であればさまざまな「違い」があったとしても、「年齢が違うから」とその違いを「優劣」に落とし込まずにすむ。だから、背伸びをせずに付き合えるし、自然と仲良くなれるようです。そうして、優劣をつけられない人間関係の中にいると、比較することの無意味さを自然と理解するようになり、次第に同学年の子たちともフラットに交流できるようになっていました。

「学年の区切りがないことで子どもにとって不利になることはないですか？」とも聞かれますが、私には今のところ学年がなかったことのデメリットは思いついていません。社会に出れば同期会や同窓会以外に同じ学年だけで固まる機会はほぼないわけで、そうした交流の機会をあえてつくる以外には「学年」というものの概念を維持する必要は特にないのではと私自身は考えています。

提案（4）「放課後」もアップデートする

もう一つ、日本の教育を変えていくためのきっかけとして力を入れたいと考えていることがあります——子どもたちの放課後の学童保育をアップデートする構想です。

学童保育とは、放課後、帰宅しても仕事などの理由で自宅に両親がいない小学生を受け入れ、「生活の場」を提供するサービスのことで、自治体が運営する公立学童と、NPOや企業などが運営する民間学童の、大きく2つに分類されます。

前者は多くの場合、極めて低予算で運営されており、支援員の待遇も十分ではなく、常に人員不足、支援員の方々は入退出管理で手一杯になってしまい、子どもたちのサポートが思うようにできない、という声は常に聞かれます。ある被災地の学童保育施設にお手伝いに入って「何に困っていますか？」とお尋ねした際には、支援員のみなさんから。「とにかく人が足りない！　毎日が危険と隣り合わせです！」と迫られて、寄付金を活用して自団体のスタッフを現地に派遣し、支援に入ってもらうかたちを緊急的につくったりもしました。多くの学童保育で劣悪な環境になっているにもかかわらず、親も

スマイルファクトリーでの体験授業のひとコマ

子も「これが当たり前」だと思ってしまっている。そんな環境だからこそ、学童保育に通っている児童は学年が進むと「学童には行きたくない」と言い出し、結果的には家で一人でゲームをやっているといったことが、常態化しているわけです。

また、当然、発達障害を持っている子も一定数いるのですが、支援員の中でそういう子への対応に慣れている人はごく少数です。

実際に私が学童保育の施設を訪れたとき、支援員の方が発達課題があるお子さんが靴下を履いていないことに対して怒鳴り、皆の前で罰を与えるという対応をしてますますそのお子さんが混乱していたので「今パニックになっていて、怒られている理由がわかっていない様子です。人目を気にしなくていいところに連れて行って一対一で説明した方がいいかも」とそっと耳打ちをしました。なるほどー、と支援員の先生が納得し、穏やかに対応しはじめたかに見えたのも束の間。私がドアの外に出た瞬間、背後の部屋からまた怒鳴り声が聞こえてきた、なんてことも。そんな様子を見て、現状の学童保育がどんな状況にあるのか痛感しました。

私も一人の親として大阪市が運営する学童保育を利用していましたが、利用料は月間500円。もちろん安いからこそ、どんな人でも利用できるという側面はありますが、子どもたちがそこでのびのびと楽しく過ごせる環境をつくるには安すぎました。あそこに行っても騒がしくて宿題もできないし、遊びも楽しくない、と例に漏れず我が子もあっという間に行くのをやめてしまいました。

勉強を教えることを禁止されている施設もあります。おそらく預かる人数が多すぎるために、全員に対して平等に指導できないから、いっそのこと禁止にしてしまおうという発想だったのだと思います。では、子どもたちに何をさせているのかと言うと、とりあえず入退室管理だけし、子どもがぎゅうぎゅう詰めに詰め込まれた教室で自由に過ごさせるだけ。落ち着かないわ、退屈だわ喧嘩は頻発するわで、子どもたちが安心安全に楽しく過ごすことが難しい状態になってしまうのは当たり前です。

責任を支援員のみなさんに負わせるのはあまりにも酷です。自治体によっては待遇が良くないためにどんどん人が辞めていき、「誰でもいいから支援員やれる人いませんか」と血眼で探しているような状態。「怪我をさせないで家に帰すだけで精一杯です!!」という学童保育の現場も少なくありません。

他方で経済的に豊かな世帯の子どもには、塾を始めとしたさまざまな選択肢が存在します。都内の予算が豊かな区では、民間の大企業が学童保育に参入し、そこに公の予算も潤沢について、家庭は低負担でさまざまなタイプの学童保育を選ぶことができる、なんて夢のような話も聞こえてきます。偏差値至上主義の資本主義社会においては、学校や家の教育だけではなく、「第三の場所」でも格差が広がっている。そんな構造になっているのです。

私自身、息子や娘のために塾を探したのですが、適切だと思える塾にはいまだ出会えていません。近所にたくさん塾はあるけど、既存の塾のほとんどは、偏差値を伸ばすことが主目的。「生きる力を伸ばす」ことを標榜する塾へも、見学に行ってみると、明らかに発達障害を持っているように見えるお子さんが自分のブロックをうまく組み立てられないだけで、施設長が「みんなの邪魔をする子は、許しません!(私からは、何も邪魔をしているようには見えなかった……)」と金切り声を上げている場面を見て、母娘ともに気持ちが萎えてしまったり、探究学習を標榜している塾に見学に行ってみたら、その塾長が塾生へのパワハラ・セクハラをしている現場に遭遇してしまったり。もちろん、見学者としてフィードバックはしましたが、それで何かが変わると思える状況ではありませんでした。プライベートの塾には特に監督官庁もなく、学校以上にガバナンスが効かないという事実に呆然《ぼうぜん》とし、落ち込みました。娘からも「いろいろ見たけど、行きたいところがないからママがつくってよ」と言われてしまったほど、現状では放課後に時間を過ごす場所の選択肢が少なすぎるのです。

放課後の時間の大いなる可能性を感じたのが、貧困などさまざまな課題と闘う子どもが無料で通える学童保育を立ち上げた経験でした。厳しい環境の家庭で育つ子どもたちが、学校から「ただいま」と直行し、夜8時に保護者が迎えに来るまで、宿題をサポートしてもらい、家ではできなかったさまざまな体験を毎日し、手づくりの夕飯を食べ、のびのびと過ごす。

開設前は連携する学校の校長先生から「そこまでしたら、親の教育力を奪ってしまうのではないか」と懐疑的な声が上がったのですが、「さまざまな事情で望ましい生育環境をどうしても与えられない親は一定数いるので、一度やらせてみていただけませんか」と頭を下げてお願いしました。1ヶ月後、それまで教室でじっと座っていられなかった子が、目に見えて落ち着き、集中して学習に取り組めるようになり、虐待ギリギリの状況だった保護者からも、子どもに余裕を持って接することができるようになったと感謝の声が上がり、校長先生もその効果驚かれ、必要な子どもをつないでくださるようになりました。

正直なところ、我が家の3人の子どもよりもずっと恵まれた放課後の環境、コストも相応にかかります。しかし、厳しい環境に置かれた子どもたちがそれまで背負ってきたものを考えると、今までより少し良い環境を提供する程度では格差を埋める効果は薄い。今までは考えられなかったような、豊かな環境を提供することでようやく、経済的貧困、つながりの貧困、情報の貧困などの負の連鎖から抜け出すことができる、というのが私自身が課題と闘う子どもたちと過ごしてきて実感することです。

学校教育だけでなく、子どもたちが多くの時間を過ごす放課後にも、まだまだ途方もない伸びしろがあります。実際に、さまざまな企業や自治体から、子どもたちが放課後の時間を有効に過ごすための場所づくりへの協力要請をいただいています。

お手伝いをする唯一の条件として提示しているのが「誰でもアクセスできるサービスを目指すこと」。子どもたちが豊かな体験をさせてあげるための場所をつくれたとしても、「経済的に余裕がある子しかアクセスできない」場所になってしまうのであれば、私がやるべき仕事ではない。

放課後には、学校での時間よりもさらに自由がある。すべての子どもが望みさえすれば、家や学校ではできない豊かな体験をできる場所をつくっていきたいのです。

提案（5）子どもも大人も互いに「教え、教えられ」、誰もが学び続けるコミュニティをつくる

そういった教育を実現するためには、大人たちもまた学び続けなければなりません。現在の教育の問題点の一つは、「大人が学ぶのをやめてしまう」ことだと考

えています。大体20歳前後、高校、大学を卒業したが最後、ほとんどの大人が学ぶのをやめてしまう。社会に出ると仕事についての研修やＯＪＴ（オンザジョブトレーニング）はあるけれど、専門外のことはほとんど学ばなくても生きていけてしまう。学校の先生方も然《しか》りです。知識もマインドもアップデートされないまま、先生方が大学卒業までの間に学んだ知識の中に子どもたちを閉じ込めてしまうような教育が当たり前に行われてきたのです。

たとえば、「ＡＩの活用を前提とした指導法を新たに学ぼうとしない姿勢」が、教育の進歩を止めているのも一因ではないかと思っています。公教育の現場には、「紙至上主義」とも言える思想を持っている方が、少なからず存在しています。実際に、私もそんな人に出会ったことがあります。もちろん、ＡＩは万能ではありませんが、導入することによって得られるメリットはたくさんあります。学習のログが取りやすくなること、簡単に多様な教材にアクセスできること、いつでもどこでも学習を進められること――つまりは、一人一人の子どもに合わせた内容とペースでの指導を可能にしてくれるのです。……といったことを「紙至上主義」の先生に伝え、議論をしていると、最終的には言うに事欠いて「紙のにおいが大事なのだ！」と言い出す人さえいました。これまで何度も触れてきたように、世の中はとてつもないスピードで変わり続けています。であれば大人も学び続け、知識を更新していかなければ、子どもたちに学びを提供し続けることは難しい。

大人も学び続け、知識を更新していくために、私は、大人も生徒も「死ぬまで学び続ける」というコミュニティをつくっていくことが前提になると考えています。現在私は、そういった誰もが「死ぬまで生徒であり、先生でもある」を体現したコミュニティをつくるための実験に取り組んでいるところです。

想定しているのは、学校の先生はもちろんのこと、農家さんや漁師さん、あるいは八百屋さんも含め、すべての大人たちが子どもに学びを提供し、そして自らも学び続けるコミュニティ。「すべての大人たちが子どもに学びを提供する」というと、「みんなが学校に授業をしにくる」という形を想定されることが多いのですが、プロをわざわざご自分のフィールドの外に呼び出すなんてもったいない。

たとえば漁師さんに学ぶのであれば、子どもたちが実際の漁に同行し、それを体験する中でさまざまな知識を学ぶ方が、教室に来てもらって話をしてもらうよりも、生きた学びが得られるはずです。漁師さんの方も、子どもたちに教えることによって、改めて気づくこと、学ぶこともあるはず。子どもと専門的な知識を持った大人が、同じ時間を過ごすことで、お互いに「教え、教えられる」関係をつくっていく。つまりは、学びと仕事が極めて近い距離にある、そんなコミュニティを想定しています。

ただし、いきなりこういったコミュニティを、既存の公教育と入れ替えようと考えているわけではありません。まずはこうした選択肢をつくることに共鳴していただける地域や自治体の力を借りながら、その自治体の全員が参加しなければいけないような形ではなく、まずは小さい規模から社会実験のように進めていくことが大事だと考えています。

そう考えるようになったのは、デンマークのフォルケホイスコーレについて話を聞いたことがきっかけです。フォルケホイスコーレとは「人生の学校」とも言われる、17歳以上の大人を対象とした教育機関で、大学に入学する前の高校生や企業に勤める社会人が、改めて自分を見つめる時間を過ごせる学校です。対象年齢であれば、試験を受けずに誰でも入学することができ、成績をつけられることもありません。デンマークには、約70校のフォルケホイスコーレが存在し、それぞれの学校ごとに政治学、芸術、哲学といった科目を用意し、大人たちに学びを提供しています。また、この学校は全寮制であり、入学者は3ヶ月から1年の間、寮で先生や生徒と寝食を共にしながら、さまざまなことを学ぶことになります。私立の学校でありながら、学費の7割をデンマーク政府が助成していることも、特徴の一つだと言えるでしょう。

こういった学校があるからこそ、「デンマークは、生涯を通して学びを深められる国」だと認識されています。実際にフォルケホイスコーレに通った経験を持っているのは、1割程度と聞きましたが、通ったことがない人たちも「私たちは、いつでも新たなことを学べる環境にいる」という意識を持っている。誰でもいつでもアクセスできる「学びのためのコミュニティ」があるということ自体が、デンマークの人々の「学び」に対する意識をかたちづくっているのだと聞いたとき、

「まずはここを目指したい」と思いました。つまり、いきなりすべての人を対象としたコミュニティをつくるのではなく、「すべての人が望めばアクセスできる」ような形で、小規模な学びのコミュニティをつくっていく。

「全員が通わないといけない」だと脅威になりますが、「通う選択肢がある」のは希望になります。それが、日本の教育を変えていくための第一歩になるのではないかと考えています。

第四章

4

「脱『学校』」に
向けた実践
選択肢を増やすための
「4つの取り組み」

ここまで、公教育の現状と問題点、そしてその改善案としての脱「学校」に向けた5つの提案について述べてきました。最後に、こうした考えにもとづいて、現在私が進めている「子どもの選択肢の拡大」の取り組みについて、その概要と進捗を紹介させてください。具体的には、「風の谷を創る」「Study in America」「YUME School」、そして「公教育の中で選択肢を広げる取り組み」の4つです。

「風の谷を創る」は、第二章でもお伝えしたように、私がゼロから教育を捉え直し、子どもたちに未来を生き抜くための力を提供する「理想の教育」づくりに本気で邁進《まいしん》するきっかけとなったプロジェクトです。

児童養護施設の子どもたちの留学を支援するプロジェクトである「Study in America」は、この国がいま必要としている、チェンジメーカーやイノベーターを発掘するためのプロジェクトです。決して、かわいそうな子たちを助けるなどという不遜な考えではなく、広い世界と触れる経験がなかった子どもたちに、その機会を提供し、そこで得た経験を次世代につないでいってもらうことによって、この国の閉塞感を打破していってほしいと願っています。むしろ助けてもらわなければならないのは、私たちの方です。

「YUME School」は、あらゆる子どもたちが「新しいことに挑戦する」「安心できる居場所をつくる」「自分だけのユメを見つける」ことを目標に、一般社団法人YUMEが展開しているフリースクールです。現在（2024年6月時点）、全国に9校を展開しており、「フリースクールのネットワーク展開」を目指しています。私は現場の先生たち向けに勉強会を定期的に開催するなど、アドバイザーのような立ち位置でこのプロジェクトに携わっています。フリースクールのネットワーク展開なんて、私が沖縄でフリースクールの校長を務めていた時代には想像すらできませんでした。そのようなことを構想するアクターが現れていること自体が、時代の変化を象徴しているように感じています。

そして民間の取り組みだけではなく、公教育の選択肢を広げるための取り組みにも関わり続けてきました。まずは地方自治体で先進的なモデルケースをつくり、それをもとに文部科学省や政治家に働きかけ、国全体の教育を変えていく――そんな取り組みを粘り強く重ねてきました。最近ではその大きな成果として、ついに「隣のクラスに移ること」や「転校」を選択肢として文部科学省が認める動きも出てきたので、そうした変化についてもご紹介できればと思います。

念のためお伝えしておくと、この4つの取り組みは、私が現在関わっているプロジェクトのほんの一部です。他にも、経済的に困難な環境にある子どもたちにプログラミング教育を届けるための取り組み、発達障害を持つ子どもへの個別支援を普及させるための取り組みなど、第三章で書いたような多様な子どもの居場所、学びの場を拡充することにつながるさまざまなプロジェクトに取り組んでいます。

このように時代の変化に伴って、私のもとにもさまざまな相談が舞い込むようになりました。ただ、数多くのプロジェクトに携わるようにはなりましたが、その根本にあるのは、何度もお伝えしてきたように、「社会的格差の固定化を解消したい」という思いです。子どもたちは生まれる環境を選択できません。しかし、その「環境」によって、得られる教育の選択肢、支援の選択肢、そして未来の選択肢も限定されてしまっているのが現状です。この現状を変え、生まれた環境を問わず、すべての子どもがさまざまな選択肢の中から自らの生きる道を選択できるようになってほしい。自分の人生を自分で切り開く力をつけてほしい。私はいまも、その願いを形にするためにさまざまなプロジェクトに携わっています。

この章で紹介する4つのプロジェクトの内容は、あくまでも本書の刊行時点でのものです。日々試行錯誤を繰り返している実践なので、今後もその内実はどんどん変わっていくでしょう。むしろ、この本を読んでくださった人の中で、こうした取り組みに加わりたいという方がいらっしゃったら、大歓迎です。そうでなくとも、私の試行錯誤の軌跡を、みなさん一人一人にとっての「未来の教育」の具体的なイメージづくりに役立てていただけたら嬉しいです。

【取り組み①】
ゼロベースで「理想の教育」を考える――風の谷を創る

最初に紹介するのは、第二章でも触れた「風の谷を創る」です。

ゼロベースで考える「理想の教育」

私が「風の谷を創る」プロジェクトに携わるようになったのは2017年。鎌倉の建長寺で安宅和人さんにこの構想が舞い降りた最初の瞬間から立ち会っていたわけですが、当時の「風の谷を創る」の活動は、東京でのオフラインがベース、大阪在住の私が参加できるのは年に一回程度で、すぐに深くコミットできたわけではありませんでした。

そんな中で、風の谷の教育プロジェクトが動き出した直接的なきっかけは、あるカンファレンスでした。定期的に開催されているそのカンファレンスの目的は、次世代を担うリーダーが集い、学び、議論し、日本を良くするビジョンを描くこと。ただ、過去にも必ず「教育」に関するセッションはあったものの、以前はいわゆる大学などの高等教育や、海外のボーダースクールなど、いわゆる「エリート教育」に関するディスカッションが主でした。不登校などの社会課題に関するセッションはほとんどなく、私はそのカンファレンスに参加する度に軽い疎外感とあきらめを感じていました。

　しかし、コロナ禍の中、そのカンファレンスの主催者の方の社会課題に光を当てていこうという方針の影響で、不登校や社会的孤立などの社会課題にフォーカスが当てられるようになり、私にもそれらの問題に関する発言を求められることが増えたのです。イベントの最終セッションという大事な場でパネリストの中室牧子教授が、全体に向けて「(不登校などに関する問題は)非常に重要で、国を挙げて取り組んで」と言ってくださった瞬間から、私は涙が止まらなくなってしまいました(当の中室教授には、「なんで号泣してるの?」とドン引きされてしまいましたが(笑))。

　そんな私の姿を見ていたのが、「風の谷を創る」の母体、一般社団法人「残すに値する未来」の代表理事であり、本書でも特別対談を引き受けてくださった、安宅さん。そのカンファレンスでの教育についての語りを受け取ってくれた安宅さんは、「風の谷を創る」でも教育に取り組まなければと決意。そうして、「風の谷教育班」を立ち上げることになったのです。

　第二章でも書いた通り、立ち上げ当初は波乱の連続でした。班のメンバーで議論した内容を安宅さんにプレゼンテーションしては、怒濤《どとう》のダメ出しが返ってくる。創造と破壊の繰り返しでした。安宅さんから「それは既存の、それも都市部における教育の課題にアプローチしているに過ぎない。『そもそも教育はどうあるべきか』をゼロベースで考え、その理想を実現するためのプロジェクトなのです」と何度も言われたことを、いまでもよく覚えています。安宅さんとの対話は、最初は苦しいものでした。しかしその対話を通して、私はこれまで「いまある課題をどう解決するか」を一生懸命にやってきたけれど「そもそも教育とはどうあるべきか」という問いにはまだ向き合えていなかったことに気づかされたのです。「風の谷を創る」は、理想の教育を実現するためのプロジェクトであると同時に、私にゼロから教育を捉え直す機会を提供してくれました。後に紹介するいくつかのプロジェクトも「風の谷を創る」がなければ、生まれていなかったかもしれません。

そんな記念碑的なプロジェクトである「風の谷教育班」改め「風の谷・谷をつくる人をつくる」プロジェクトから、「脱『学校』」の具体的なチャレンジの軌跡の一端をご紹介したいと思います。

「都市型未来」のオルタナティブに即した人を育てる

「風の谷を創る」は、「都市にしか生きられない未来」のオルタナティブをつくるプロジェクトです。

現代の都市生活を前提とした教育は、「認知能力に特化したエリート」を育てるためのシステムになっています。認知能力に特化したエリートとは、イメージとしては、教科書の知識の暗記が得意で、受験競争で生き残れる、学力の高い人。(少し強い言い方をすればまるで機械のように)何でもまんべんなくうまくこなせて、他者より上に行くことをひたすらに目指す……そんな人を育てるための教育システムになると捉えているのですが、今までの現代の都市の暮らしにおいてはそのような人が求められてきたこともまた、事実でしょう。

しかし、今後はそうした教育では十分とは言えなくなってしまうのではないか――「風の谷・谷をつくる人をつくる」プロジェクトでは、そのような課題意識を持っています。なぜなら、第三章の冒頭でも書いたように、もはや「正解」がわからない時代になったからです。どんなに認知能力が高い人でも、何が「正解」かわからない状況では、そうした能力をどこに向かって活かしていけばいいのかがわからなくなる。だからこそ、従来のような都市型の未来だけではなく、そのオルタナティブも模索していくべきと考えているのです。

その際に育てたいのは、不連続な世界を生き抜き、変化に対応しつつ、自ら仕掛けて未来を創っていける人です。思い切った言い方をすれば、都市文明が滅んだときにも人類の文明を再構築できる人。とはいえ、全員が特殊な能力を身につける必要があるとは考えていません。「谷をつくる人をつくる」での議論では、「個」としての違いやこだわり、つまり「カタヨリ」があり、なおかつ他の人を大切にして、課題に協力して取り組み、サバイブすることができる――そんな人が都市型未来のオルタナティブには求められるのだという話に至りました。

問題は、こうした「不連続な世界を生き抜き、変化に対応しつつ、自ら仕掛けて未来をつくっていける人」は、従来の都市型教育の延長だけでは育てるのは難しい、ということ。そこで「谷をつくる人をつくる」では、これからの教育で身につけるべき力を「身体と心系」（心に振り回されない力）、「課題解決系」（トラブルとその解決を楽しむ力）、「基礎教育系」（力を合わせ知恵を絞る力）、「手と道具」（手と道具、体を使いこなす力）、「サバイバル系」（生き延びる力）と定義し、こうした力を身につけるためのプログラムを構想しています。

「教育」は土地の求心力にもなる

また「谷をつくる人をつくる」は、教育のオルタナティブをつくっていくだけでなく、人口減少時代の課題解決に寄与する取り組みでもあります。言い換えればこのプロジェクトでは、いま日本の地方自治体の多くを悩ませている人口減少という課題を抱えた地域を想定し、自然豊かな地域で世界最先端の学びをいかに実現するかを考えているのです。

人口減少という課題に対しては、「教育」が一つの大きな求心力になるはず。子どもが育てられない場所に親はやって来ません。２０１７年に一般社団法人移住・交流推進機構が実施した「『若者の移住』調査」では、東京圏在住の20〜30代の既婚男女500人を対象に、移住に関するアンケートを実施。「移住に興味がある理由を教えてください（複数選択）」という質問に対し、最も多くの方が選択したのは「山・川・海などの自然にあふれた魅力的な環境」（50・2%）で、次いで「子育てに適した自然環境」（33・4%）、「子どもの教育・知力・学力向上」（22・2%）が続く結果となりました。この調査の対象となったのは東京圏在住者ですが、この結果からも移住を検討している方の多くが「教育」を基準に移住先を検討していることがわかるでしょう。

また、教育が土地の求心力となり、移住者を集めている実例もあります。イエナプラン（ドイツで生まれ、オランダで広がった一人一人を尊重しながら自律と共生を学ぶオープンモデルの教育）を取り入れた日本初の私立小学校である大日向小学校、長野県軽井沢町にある、3歳から15歳までの児童が在籍する「幼小中混在校」の軽井沢風越学園などは、教育が「土地の求心力」となっていく可能性があることを示す一例だと言えるでしょう。実は私たちが設立したフリースクール「スマイルファクトリー」も、池田市にたくさんの移住者を呼び込んできました。

地方の教育における「コスト」の問題

こうした構想をもとに、「谷をつくる人をつくる」プロジェクトではさまざまな試行錯誤を重ねています。そうした中で、大きな壁として立ちはだかってきた問題の一つが、中山間部などの開疎な地域での教育にかかる「コスト」です。

たとえば、関東圏のとある村の小学校では、生徒一人あたり年間1000万円以上のコストがかかっていることがわかりました。それくらいのコストをかけて、どのような教育をしているのかと言えば、30人収容できる規定通りの大きさの教室で、1~2名の生徒と1名の先生が黒板を使いながら、都市部と同じスピードで、同じ内容の授業をしているのです。隣り合わせに先生と生徒がいるわけですから、巨大な黒板は必要ないはずですし、先生は生徒のそばでそれぞれのペースに合わせた指導ができるはずです。もっと言えば、年間1000万円のコストをかければ、どれだけ一人一人の子どもに最適な英才教育ができることか！

その村で先生をしている方とお話をする機会を得た際に、「なぜ、都市部と同じような授業をしているのか」と問うと、「私たちは学習指導要領を守らなければならない立場ですから」という答えが返ってきました。でも、学習指導要領には「黒板を使用しなければならない」なんて、一言も書いていません。カバーすべき最低限のことを記しているのみで、「これ以上のことを学ばせてはならない」なんていうことも、どこにも書いていない。私の経験上、学習指導要領を理由にあげる先生ほど、実は学習指導要領を読んでいないのではないかと感じられるのは残念なことです。

また、さまざまなデータを収集し、ヒアリングを重ねた結果、どれだけ小規模な学校でも、年間1億7000万円ほどのランニングコストがかかることも知りました。どんな小規模校でも、法律に定められている校舎や体育館、プールなどのハードを維持したり、先生方の給与を支払ったりするには、それくらいのコストがかかるというのです。もちろん、子どもたちの学びの場を守ることはとても重要なことですし、そのために適切なコストをかけることは必要です。しかし、現状ではとにかく「学校を存続させること」、言い換えれば校舎というハードを維持することに年間莫大なコストがかけられています。一つの理由は政治的なものです。少子化の波の中で、自身の政治生命を賭けて学校の統廃合という課題に挑み、次の選挙で敗北を喫した首長は、少なくありません。だから、本来はハードでなくソフトでいろんな工夫が可能なケースでも、とにかく学校そのものを維持することに巨額のコストを割いている。そんな例が少なくないのです。

しかし、ハードで子どもは育ちません。コストを割くべきは、教育を担う人材や教育のコアとなるソフトに対してだと、私たちは考えています。

「子ども」だけでなく「大人」のとらわれも取り去る

そうした中で、まずは「風の谷」メンバーが月に一度、今の世界の捉え方や大切にすべきスキルやマインドについて話し、参加者と議論する。そんな講座を実施しました。2023年にとある地域で「谷人講座」と名付けた講座を実験的に開催したのです。

第1回では、地元の中学生たちとの親睦を深めるために山の下草刈りに参加。その中で私たちが気になったのはとても素直で希望に満ちあふれた子どもがたくさんいる反面、いわゆる「不良」が見当たらないことでした。もちろん、不良になることを推奨するわけではありません。しかし、「不良」が一人もいないことは、その場の「空気」の支配力の高さを物語っているように感じられました。たとえば、2023年5月、コロナの感染が落ち着いた時点でも生徒たちのほとんどがマスクを着用していました。それが悪いことだとは言いません。ただ、「なぜマスクをしているのか」と問うても黙り込んでしまう子、「なんとなく……」という子がほとんど。「親が介護の仕事をしているので、人よりも感染に気をつければいけない」としっかり理由を述べてくれたのはたった一人だけでした。そこには「マスクを着けなければならない」という空気が漂い、子どもたちはその空気によって支配されているように見えました。そして、子どもたちや先生方とのコミュニケーションを通してわかったのは、その空気をつくり出しているのは、「やはり」と言うべきか、先生を始めとする大人たちだということでした。第1回の谷人講座から我々が持ち帰ったのは、「どのように従順すぎない人を育てるのか」という問いです。

そして、第2回では中学生たちを交え、これから学校を新たに開校するとしたら「どんな未来の学校が考えられるか」をディスカッションしました。生徒たちからの意見を募る前に私から生徒たちに伝えたのは、「問いを立てること」と「自らの未来を自らの意志でつくること」の重要性です。

「未来の学校で、どんな教育ができるだろう?」という問いに対して、中学生からどんなアイデアが出るだろうかと楽しみにしていた私たち。ところがどっこい、意見が出ない。生徒たちの声を聴こうと私たちが近づくと、慌てて視線をそらされる。何かがおかしいと気づいた安宅さんが「学校楽しいの?」ときいても無反応。「学校楽しくない人いる?」と問うて初めて、ほぼ全員の生徒が元気に手を挙げたのです。

そこからようやく始まったディスカッションの中では多くの生徒たちから今の学校が楽しくないこと、その大きな理由の一つが服装や髪型、あるいは学習の仕方などの「自由」がないこと、根拠や意味がわからない校則を押し付けられていることだ、という意見が聞かれました。

安宅さんも私も、想定していたのとだいぶ違う雲行きになっていることに戸惑いつつも、生徒たちに真剣に語りかけました。

民主主義なのだから、校則は変えられる可能性があること。テストで良い点数を取ることは無論無駄ではないけれど、それが将来の幸せに直結するわけでもないこと。必死に勉強して東大に行っても、そこで燃え尽きてしまってその先の仕事がない人だっているということ。点数を追いかけるよりも、答えのない問いに自分なりの答えを出し、その結果が成功であろうが失敗であろうが自分で責任をとって前に進んでいくことの方がずっとが大事だということ。自分の人生を切り開くのは他の誰でもない、自分自身だということ。

講座を聞いた先生たちからは、「子どもたちが本質を理解しているのか不安だ」という声が上がりましたが、子どもたちの声を聞くと、私たちが伝えたかった「自ら問いを立てること」や「自らの意志で未来をつくること」の重要性を明確に理解していることが伝わってきました。むしろ全8回の講座を通じて我々に重くのしかかったのは、「先生の壁」でした。

実際に、講座の翌日に髪型を校則で禁止されているツーブロックにしてきた生徒がいたそうです。もちろん、私たちが「校則を破れ」と教えたわけではありません。その生徒はおそらく「なぜツーブロックはダメなのか」という問いを自ら立て、「ツーブロックが校則で禁止されるのはおかしい」と判断し、その判断を行動で示したわけです。小さなことかもしれませんが、まさに自ら問いを立て、自らの意志で未来をつくるための行動を起こした子が出てきたことに、我々は感動すら覚えました。

しかし、先生たちはその生徒の行動を問題視し、私たちの元には「この状態では授業が成り立たない」「やはり、生徒たちは表面的にしか『自由』を理解できていない」と苦情が入ったのです。

それを聞いたとき、壁になるのは、大人たちだと感じました。無論、先生たちが悪いわけでもありません。自ら受けてきた教育が正しいと思い込み、それにとらわれて、子どもたちの声に耳を傾けずに突っ走ってきたという意味において、先生たちも「古い教育」の被害者だったのかもしれません。

我々も、目指すべきがペーパーテストの点数ではないとすれば、それに代わる効果を測定する指標を提示する必要があると反省し、どういう価値が大切と考えているかをわかりやすく表現するための効果測定を実施するようになりました。

この8回を通じてこの数値が上がったというような、目に見える成果を得ることはできなかったのですが、初期にはこちらからの問いかけにスーッと目をそらしていた子どもたちが、最終回では避けずにまっすぐ目を見てこちらの問いに向き合ってくれました。また、子どもたちが谷人講座で今まで出会ったことがなかったその道のプロたちに出会い、好奇心が刺激され、気づきが増えたことは、彼らが毎回書いてくれたアンケートから明らかに読みとれ、この出会いは彼らの人生にとってきっと何らかの意味があったはずと励まされる思いがしました。

ただ、一方で、安宅さん含めた一流のプロたちが全員ボランティアで一日がかりで授業しに来ていることからして、まったく持続可能でも横展開可能でもないことは我々の大きな課題として残されました。

２０２４年9月現在も、複数の自治体からここに「風の谷」をつくってほしいというお声がけをいただいている状況です。地域でさまざまな実証実験を重ねながら、どんな子どももカタヨリを磨きながらサバイブする力を学べる、持続可能な教育をつくる方法を探し続けています。

【取り組み②】あらゆる子どもたちに留学の機会をつくる――NGOピースウィンズ・ジャパン「Study in America」

もう一つ、社会的格差の固定化を解消するための取り組みとして、ピースウィンズ・ジャパンというＮＧＯが主催する「Study in America」を紹介したいと思います。

体験機会が限られていた養護施設の子どもたち

このプログラムを主催しているピースウィンズ・ジャパンとは、国内外で「海外人道支援」「災害支援」「保護犬事業」「地域再生事業」などを展開する我が国最大級のNGOです。私自身はプロジェクトのディレクターとして、このNGOの新しい教育プログラム「Study in America」の事業立ち上げとプログラムのディレクションに携わっています。

「Study in America」は、養護施設の子どもたちの留学を支援するプロジェクトです。文部科学省が2021年に発表した「学校基本調査」の結果によれば、高校を卒業後、大学や専門学校などの高等教育機関に進学する子どもは、社会全体で83・8%。一方、同年に三菱UFJリサーチ&コンサルティングが発表した「児童養護施設等への入所措置や里親委託等が解除された者の実態把握に関する全国調査」によれば、児童養護施設や里親の元で暮らしていた18歳に限ると、30・6%しか進学していません。つまり、養護施設の子どもたちは、社会全体と比較して半数以下しか進学できていなかったのです。

私たちは「どのような環境に生まれた子どもにもチャンスが与えられる世の中にしたい」という思いからこのプロジェクトを開始しました。

しかし、章の冒頭でも述べたように、このプロジェクトの本質は、「かわいそうな子たちを助ける」というものではありません。むしろ、助けが必要なのは私たちの方です。社会課題山積のこの国は今、はチェンジメーカーやイノベーターを求めています。「Study in America」は、そんな人材と出会い、その子どもたちを全力応援するプロジェクトです。

「情報」だけでは学ぶことのできないもの

2023年3月、「Study in America」の一期生として6人の中高生をアメリカへの短期留学にお連れしました。「とにかくやってみよう！」と、チャイボラというNPOを通して児童養護施設に「社会課題解決に関心があって海外で学ぶことに関心がありそうなお子さん、いますか？」という問いかけをしてみたところ、「そんな可能性があると考えたことがなかったけど、言われてみたら、います！」という反応が次々と返ってきました。その中「今まさに行かせたい子がいます！」と前のめりだった6施設から一人ずつ推薦していただき、6名がフロリダへと旅立ちました。

プロジェクト第一弾は、参加者にも何をしたいかどこに行きたいかと問いかけたりプレゼンしてもらったりしながら、8日間の中に「現地の公立高校の訪問」「大学見学」「NPO法人でのボランティア体験」「NASA訪問」「ディズニーランド」など、彼らがやりたいことを目一杯詰め込みました。

学力も英語力も不問、とにかく「人の役に立ちたいという気持ちが強い子」という投げかけに対する施設の先生方の目利きを信じました。海外に行けるかも……と期待を持ちながら根拠もよくわからず落とされる、という経験はできればさせたくなかったのですが、初回ということもあり、推薦・声かけ方式にすることによって面接したお子さんを全員お連れすることができました。

内容もまったくの手作り。私自身も毎日即興で子どもたちへの問いかけを考え、深夜までスタッフと打ち合わせながら次の日のプログラムを組み立てるというハードモードな日々でした。

2023年3月27日。コロナ禍の影響もあり、全員が揃うのは初めてだった羽田空港の出発ロビーで、私は子どもたちに以下の内容を伝えました。

> 待ちに待ったフロリダ旅、参加者全員にとって充実した旅になるように、全員で協力していきましょう！
>
> チェンジメーカー、エヴァンジェリスト人材が育つきっかけをつくることを目指した旅となりますが、その前提として、全員が大切な命であること、お互いの安心安全を守る必要があることを強く意識して行動したいと思います。
>
> 具体的な対応について、わからないときはいつでもスタッフに相談し

てください。旅の間、人に相談したり助けてもらったり、ということを決してためらわないようにしてください。

その前提の上で、以下は基本的なこととしていつでも意識していただきたいことです。

全員でこれらのことを心がけることで、参加者全員の個性や能力を発揮していただける環境を最後まで守りたいと考えています。

そして、旅の途中でも、ここから足したり引いたりした方がよいルールがあるかどうか、日々確認し、アップデートしていきたいとも考えています。常に「問いを立てる」姿勢を心がけましょう。

よろしくお願いいたします！

＊体調が悪い生徒、怪我をした生徒がいたら、すぐにスタッフに伝えてください。チームとして最優先に対応します。
＊人のプライバシーに関して、根掘り葉掘り聞くことは控えましょう。話

したくないことは、話さない権利を全員が持っています。自分から話してくれたことについては、できるだけ評価をさしはさまずに聞きましょう（この姿勢を傾聴といいます）。

＊皆が色々な経験を経てきています。ただでさえ不安なことも多い旅の間、ネガティブな話題、ワードを発することはできるだけ控えましょう。誰かから出た際はあまりふくらませないように、お互いに心がけましょう。

＊ジェンダー（◯らしい、◯っぽい）、ルッキズム（美人、不細工、太ってる、痩せてる等）に関する発言は、控えましょう。うっかり発言してしまった場合は、できるだけ早い段階で修正しましょう。

＊異性、同性にかかわらず、スキンシップに関してトラウマがある人がいることを意識して行動してください。

＊それぞれの人が違う環境で異なる価値観をもって育っています。単一の尺度で人をはかったり、自分の価値観を無意識に押し付けたりしている可能性があることを意識しましょう。～に負けないように、～しないとダメ、などの発言はできるだけ控えましょう。

＊暴言、差別的な発言、暴力的な行動があった場合、相手が誰であれ、見過ごさずに（見過ごされると、これは大丈夫だと誤学習する可能性がありますす）冷静に対応してください。すぐに言動を修正することが難しくても、許される発言、行動ではないことをひとまず伝えることが重要です。解決が難しい場合は、スタッフに共有してください。必ず対応します。

＊どんな場面でも、声を荒らげることがないように心がけましょう。大きな声を出していいのは、命の危険があるときだけと考えてください。

＊疑問があるとき、判断に困るときは、必ずスタッフに確認をしてください。

以上

　ほぼ初めましての子どもが共同生活をする中で当然大小さまざまなトラブルは起こるわけですが、何か起こるたびに子どもたちがこのグランドルールを意識しながらつとめて冷静に発言、行動しようとしていることが伝わってきて、集団生活の中で共通の規範を共有することの重要性は一週間という短い中でも改めて感じました。

　出発前に「問いを立ててみよう」「せっかく異文化に身を置くのだから、今まで常識と思っていたこととか、自分はこれ以上できないと思っていたこととか、一旦壊してみよう」と問いかけたところ、アメリカの空港に着いた瞬間から「トイレットペーパーの質感から違う！」「聞こえてくる言葉が違う！」「人種も多様！」「何もかも違う！」と興奮のるつぼに。それからは子どもたちが問いを立てまくる一週間が始まりました。

現地で一人一人のメンタリングをしていて気づいたことがありました。子どもたちが、意識的にか無意識にかはわかりませんが、とにかく「食いっぱぐれないように」ということを第一に考えて自らの将来を考えている傾向がある、ということでした。将来の夢は？と聞くと、「薬剤師」「保育士」と、資格を取得すればとりあえず食べていけるのではと考えているらしいこと。どこの大学に行くかで人生が決まる、と思い込んでいて、自らの人生を非常に限定して考えていることも伝わってきました。

「ＡＩの進化の中で、薬剤師の役割も変わってくる。薬剤師になったら、きっと色々な課題にも気づくはず。そうなったときに、あなたのコミュニケーション能力の高さを活かして、課題を解決する側にもなれると思うよ」と伝えると、そんなこと誰にも言われたことなかった、進路をもっと広い視野で考えたい、ととても喜んでいて、逆にこちらが驚かされたりもしました。

多くの子どもたちが最も楽しかったと言うのが、現地のNPOでボランティアをした体験です。フロリダのフードバンクで、困窮世帯に届けるための食糧を約1000箱、流れ作業で箱詰めしました。時間が終わっても「まだまだ働けます！」「もっとやりたい！」と口々に叫んでいた子どもたち。ある子は、今まで自分たちは助けてもらう側の立場だったけど、こうすると自分も人を助けることができることがわかって、本当に楽しかった、と教えてくれました。その日から、私が子どもたちから質問攻めに遭うことになります。「社会起業家ってなんですか？」「社会貢献って仕事にできるんですか？　そんなことができるなら、自分もやりたい！」。

参加した子ども全員が、人生が変わる旅になった、一週間でびっくりするくらい視野が広がったと、支援者への感謝とともに伝えてくれました。

「参加者たちがこの旅から何を学び、どのような影響を受けたか」についての検証については「チキラボ」の協力を得て、参加者の自己観察を通じた調査を実施しました。その手法は、参加者6名に「意識的なジャーナリング」をしてもらうというものです。ジャーナリングとは、頭に浮かんでいることを一定の時間内でただ紙に書くことによって、自分や物事を客観視し、さまざまな発見を得るもので、「書く瞑想」とも言われています。チキラボ代表の荻上チキさんから事前に参加者に対して簡単なジャーナリングに対するレクチャーを実施していただき、派遣期間中にジャーナリングを実践してもらいました。

高校生のAさんは、振り返りの一部として、こんなことを書いています。

【この旅がわたしに与えた影響】（原文ママ）

二つある。一つ目が、将来のことについてクリアに思い描くことができるようになった。このプロジェクトに参加するまでは、ただ漠然と「アメリカに行きたい」と思っていたが、参加して、「アメリカの大学に入学して学びたい」と思うようになった。実際に現地に行って、教育システムや設備をみて、空気を感じて、ここで学んだら、最高に楽しくて、学びに満ちた学生生活を送れそうだと思った。

二つ目は、日本の制度や設備について疑問を抱くようになった。アメリカに行って、かなり驚いたのが、バリアフリーがかなり進んでいるということ。どこにいっても、ディズニーでも、どの道でも車椅子が通れたり、ベビーカー置き場がどこにでも当たり前のようにあったりして、日本とは全く異なる風景に驚いた。やはりそのはいけいには、元軍人の人がいたり、肥満の人の多さやシンプルに土地が広い、ということもあるのかもしれないが、日本も是非見習うべきだと思った。

そして、高校見学に行った際に衝撃だったのが、校則が日本では考えられないくらい緩いということ。みんな思い思いの髪色や髪型、ピアスやアクセサリーをしていて、とても個性的だった。でもだからと言って授業が進まなかったり、騒ぎ立てたりしているわけではなく、真面目に授業を受けている。ならば日本の厳しい校則はなんのためにあるのか。わからない。私の学校の校長先生のありがたいお話によると「将来の理不尽に耐えるため」らしいが、いったいなぜ理不尽を耐える必要があるのか。理不尽は道理が通らないことなのだから耐える必要はない。本当になぜあんなに個性を潰すような校則があるのだろう。アメリカに行って、もともとあったその感情が、さらに強くなった。

「Study in America」に参加してくれた子どもたちのその後の成長にも伴走しながら、海外留学には子どもたちの未来を変える力があること、だからこそ、その機会は公平に与えられるべきだという思いを強くしています。さまざまな自治体を回っていて、「うちのまちは教育に力を入れているので、教育センターを○億円かけてつくりました！」などという話を聞くと、「それだけのお金があったら、希望する子ども全員を留学させられるよね……」とモヤモヤしてしまうようになりました。ハードだけでは子どもは育たない、ソフトにこそお金をかけるべき。そしてどのみち少子化しているのだから、それを逆手にとって希望する子ども全員に留学や越境体験のチャンスを与えることは政府の施策としてできるのでは？と国会議員のみなさんにも訴えたりしています。

２０２４年の夏には二期生８人とともに、カナダ・トロントに「子どもアドボカシー」（子どもが自分の考えや意見を表明する権利を保護する活動）を学びに行きました。言葉の壁を乗り越え、ＡＩ機器も駆使して現地の人々と積極的に交流し、最後はオンタリオ州議事堂の公聴会で一人一人が堂々と意見を述べる姿に心が震えました。と同時に、12時間かけてカナダまで来てようやく、子どもたちが安心安全と感じられる環境で自己開示ができたり、誰にも忖度なく自分の意見を述べたりできた、という事実も重く受け止めました。

プロジェクトを進める中で、自分でチャンスをつかみかけたのに施設や実親に

Provided
Protect

よるブロックでチャンスを逃している子どもも一定数いることがわかってきました。児童養護施設を通さなくても応募できるように枠を広げたり、留学を経験した人同士が支え合えるコミュニティを育てたり、このプロジェクト自体もアップデートを続けていきます。

【取り組み③】子どもたちの居場所を増やす
――一般社団法人YUME「YUME School」

さまざまな課題を抱えている子どもの「居場所」が足りていないことも、大きな社会課題の一つです。このことに問題意識を持っている方は少なくないと思いますが、居場所づくりのためのノウハウが社会に行き渡っていないのが現状でしょう。そのため、私の元に届く依頼には、「課題を抱える子どもたちの『居場所づくり』をサポートしてほしい」という内容のものが少なくありません。

一般社団法人YUMEからいただいた依頼も、そのような内容でした。具体的には、同法人が展開するフリースクール「YUME School」のLearning Partner（アドバイザー）就任の打診をいただいたのです。

フリースクールを、ネットワーク展開する

YUME Schoolは、小・中・高校生を対象としたフリースクールです。さまざまな事情があって学校に通えていない子や、現在通っている学校で居場所が見つけられていない、あるいはやりたいことができていない子どもたちを対象とし、さまざまな形で学びをサポートしています。本来在籍している学校とYUME School、両方に通っている子も、数多くいます。現在は、東京都町田市や兵庫県尼崎市、岩手県盛岡市など、全国に9校を展開。今後も校舎数を拡大することで、よりたくさんの子どもたちに居場所を提供する方針です。

YUME Schoolの特徴の一つは、ネットワーク展開していること。これまで学校外の「学びの場」といえば、塾や予備校が中心でした。しかし、少子化などの

あおりを受けて、受験戦争を下支えしてきた塾や予備校の多くが、経営難にあえいでいます。一方、これまでも紹介してきたように、全国には46万人もの学校に通えない、言い方を変えれば「居場所」を求めている小中学生たちがいる。そんな子どもたちにとっての居場所をつくることは、子どもたちを支えることにつながるのみならず、経営に行き詰まった教育産業の経営者にとっても救いの手となり得ます。YUME Schoolは、そこに着目しました。経営が立ち行かなくなった塾や予備校を、フリースクールとしてリスタートすることで、ネットワーク展開を進めているのです。

沖縄でフリースクールを立ち上げた当時、私は「人さらい」のような扱いを受けました。それから約30年。多くの方がフリースクールを運営することを通して、子どもたちの居場所を提供しようとする姿を見て、時代が大きく変わったことを実感しています。

これまでに培った知見をシェアし、子どもたちの「居場所」を増やす

私がYUME Schoolに携わるようになったのは、2022年に入った頃でした。以来、月に1回のペースで、現場で子どもたちに向き合う先生方を対象とした研修や、先生方からのスクール運営や子ども対応についての質問に答える研修を実施したり、今はもう少し踏み込んで経営幹部の方々の経営相談にも乗ったりしています。私がこれまでフリースクールを運営してきた経験の中で得た知見をシェアすることで、各校舎を子どもたちにとっても、働いている先生方にとっても、よりよい場所にすることが目的です。

フリースクールには、さまざまな課題を持った子が集まります。その課題は千差万別ですが、いずれにせよ現場で起こる出来事は、多くの先生方にとって「初めての経験」ばかりです。それもそのはず。先ほど触れたようにYUME Schoolの現場に立つのは、もともとは学校や予備校や塾の先生だった方も多く、フリースクールに助けを求めてやって来る子どもたちの対応に最初から慣れていないのは当然のこと。それ以前に、これだけ不登校の子どもが増えている中で、フリー

スクールで子どもの対応ができる教員養成をしている大学や学校は、私の知る限り、きわめて少なく、まったく足りていません。

多様な子どもたちが自分に合った学びを求めて来る中で一人一人の子どもに寄り添った対応をすることが最善の選択肢だと、この事業に携わるようになった直後から、先生方には繰り返し伝えてきました。しかし、「一人一人に寄り添った対応」を、実感を伴って理解してもらうにはそれなりの時間がかかります。

新任の先生が加わるたびに「嫌がる勉強をどうしたらやってもらうことができるか」ということに真剣に悩んでおられることに気づかされました。ですが、YUME Schoolはフリースクールです。それぞれに合った方法とタイミング、スピードで学ぶことができるのが強み。その強みを子どもたちのために生かしていきましょう、今どうしても手がつけられない学びは、後回しにしてもいい、とにかく子どものモチベーションを大切に、と伝えると、先生方の顔が目に見えてパアッと明るくなります。先生方も、皆が同じスピードで、同じように学ばないといけない、という呪縛に苦しめられてきたのです。

この研修を続けてきて2年経った今、先生方からいただく質問が高度化しています。具体的なケースの中で、子どもをどう支えたらいいか、どういう対応をするのが最善の選択肢か、という質問でいつも時間が足りなくなる状態です。私はこれまでの中で実にさまざまな子どもたちと出会いました。その経験の蓄積のおかげで、そして私自身の特性もあり、現在では少し話を聞けば、その子がどのような特性を持ち、どのような課題に直面しているのか、どう対応すれば状況が改善するのか、おおよそイメージできるようになりました。月に一回、先生方から現場の状況や課題を聞き、個別具体的な対応策をアドバイスし、その結果を報告してもらい、効果がみられない場合はやり方を修正する。その知見や経験を全国からオンラインで集まっている先生方とシェアしていく。現在はそのような流れで研修を進めています。

シェアしているのは子どもたちへの対応に関する知見だけではありません。先生方に「一人一人に寄り添った対応をするのが最善」と実感していただいたら、次のステップは「一人一人の子どもの強みを見つけ、学びを深めるための環境づくり」です。「そもそもフリースクールが社会にとってどういう存在であるべきか」といった本質的な質問が最近増えているのはとても嬉しいことです。

フリースクールには全員共通の時間割はありません。学習指導要領にとらわれずに、一人一人に適した指導ができる点は大きなメリットである一方、現場に立つ先生たちは「これでいいのだろうか」という不安も、責任感とともに感じています。「自由」であるからこその本質的な問いが、そこにはあります。その不安を成長へと昇華させるために、先生たち自身が学びをシェアすることが重要だと思うのです。「こんな取り組みをしたら、子どもたちからこんな反応が返ってきた」「子どもにこんなアプローチをしたら、積極的に学んでくれるようになった」などなど、日々の試行錯誤の中で得た学びを共有し、最新の学びのデータベースをつくる。それが研修の大きな成果の一つです。この取り組みを繰り返すことが、YUME Schoolの未来と子どもたちのよりよい学びの場所をつくることにつながると考えています。

教育のあるべき姿を示すために、「フリースクールだからこそ、できること」

第三章で「基礎学力は、ＡＩを活用した個別教育でカバーする」ことに触れました。Yume Schoolではこの構想を形にしたいと考えています。先ほども述べたように、フリースクールに全員共通の時間割はなく、当然のことながら子どもたち一人一人の学びのスピードはまちまちです（むしろ、それが本来あるべき学びの姿だと思います）。学びのスピードが違えば、一人一人の進捗を把握することは大変になります。一人の先生が、学びのスピードがばらばらな複数の子どもたちが、それぞれ「何を理解し、何を理解していないか」を知るのはとても大きな労力がかかる。

だからこそ、Yume Schoolでは、ある大手民間企業と手を組み、テクノロジーを用いて、一人一人の子どもが「何を学んだのか」を自動で記録する仕組みの構築に着手しています。まだその仕組みは完成していないものの、まずは校舎単位での導入実験から始める予定です。今後は先生たちが放課後残業して記録を残すというような労働集約型ではなく、テクノロジーによって学びの進捗が記録され、個別最適化された学びを提供するための仕組みを、フリースクールで先取りしてつくっていきたいと考えています。

　また、全国に広がるネットワークを生かす仕組みも構築中です。ネットワークがあることで、手軽に越境体験をすることが可能になる。首都圏のYume Schoolでは、毎日のように体験授業を街の中で実施していて、近くの校舎の子どもは他の校舎の子どもと混ざってそこに参加することができます。普段は東京の町田校に通っている子が、たとえば帰省期間中など、盛岡校に行けば、普段とは異なる環境で、異なる学びが得られるはず。ネットワーク展開をしている強みを生かして、子どもたちにさまざまな形で学びを届けたいと考えています。

　ここまで述べてきたように、既存の「学校」は機能不全に陥っています。そのことに対して危機感を抱いているのは私だけではないでしょう。公教育の現場に立っている先生方、あるいは公教育の仕組み自体をつくる立場にある方々の中にも、いや、そうした方々の中にこそ、「変わらなければならない」と感じている人は少なくありません。

　しかし、公教育という巨大なシステムを変えることには途方もなく大きな困難と、気が遠くなるほどの時間がかかってしまうようです。であれば、まずはオルタナティブとしてのフリースクールで、「脱『学校』」の教育をつくり、小さくても少しずつ成功例を積み重ねていきたい。それが、現時点の私の「教育」に対する回答であり、決意です。

もちろん、これまで触れてきたように、その挑戦の場はフリースクールに限りません。どのような場所であれ、どのような形であれ、私は「社会的な格差の固定化の解消」と「すべての子どもが、多様な選択肢と居場所を持つ社会」を実現するためにチャレンジを続けていきたいと考えています。

【取り組み④】公教育の選択肢を広げる――地方から国へ

ここまでご紹介した3つは民間の取り組みでしたが、教育は民間だけではできることが限られています。まだ現状ではフリースクールは公教育と比べてお金もかかりますし、フリースクールが存在しない地域もたくさんあります。公教育の中での選択肢を増やさないことには、「誰も取り残されない教育」の実現は不可能です。そう考えて、私自身も、官公庁の教育に関わる審議会に参加したり、地方自治体での教育改革に携わったりしています。

その際、私が採ってきたやり方は、まず地域で実現可能なモデルをつくり、それを全国モデルへと広げていく、という方法です。小さく始められる地方自治体で先進的なモデルケースを生み出していき、他の地方自治体や国へと広げていくこと、地方と国、両輪で改革を進めていくことが重要だと考えています。

そんな中でも、どうしても成果を出したいと取り組んでいるのが、私が座長を務めている「奈良市多様な学びの在り方検討会議」の議論です。ただ議論するだけでなく、現状小中学校の不登校が約８００人いる奈良市から「誰も取り残さない」を実現しようという取り組みです。

プッシュ型で選択肢を提示する「多様な学び支援施設マップ（仮称）」

では、奈良市では具体的にどのような取り組みが行われているのでしょうか。

本書の中で繰り返し指摘してきたように、２０１７年に「教育機会確保法」が施行されてから、「学校」は必ずしも「行かなければならない場所」ではなくなりました。さらには、２０２４年8月には、自宅学習の成果も含めて成績の評価対象として認める方向性についての通知が文部科学省から発出されました。公教育は、「誰も取り残されない教育」に向けて着実に歩みを進めているのです。しかし、その内容は教員や保護者、そして子どもたちにほとんど知られていません。

そこで、まずは今どのような選択肢があるのか、プッシュ型で市のほうから発信していくために、「多様な学び支援施設マップ（仮称）」を作成中です。フリースクール（奈良市には、多様な学びの選択肢を提供し、子ども一人一人の状態や課題に応じた適切なサポートを行うことを目的とした公設フリースクールもあります）、さらには図書館や公民館すらまばらな中山間エリアの子どもたちでもアクセスできる、オンラインでの選択肢や、子ども食堂、民間で運営している子どもの居場所など……オンライン／オフライン問わず、奈良市の中にどのような居場所や学びの選択肢があるのかをマップにして、市として学校に通う子どもの家庭に全戸配付し、この情報が届かない子どもが一人もいない状態を、まずは目指します。

ただマップをつくっただけ、と思われるかもしれませんが、これには大きな意味があります。なぜなら、そもそも知らなかった選択肢を知ることができるのはもちろん、市として正式に発表することで、保護者や子どもたちが安心してその選択肢を利用することができるからです。安心安全に子どもたちが通える場であることを市がオーソライズすることが、子どもにとっても親にとっても安心感になります。選択肢はすぐそばにあるのに、その存在が知られていない――本書で繰り返し指摘してきた現状を打開するために、シンプルかつ低予算ながら有効な一手になるのではと期待しています。

もちろん、「支援施設マップ」は最初の一歩に過ぎません。これからも「誰も取り残されない教育」に向けたさまざまな取り組みに、地域からチャレンジしていきたいと考えています。

とはいえ、特定の地方自治体の取り組みだけでは、「親ガチャ」の世界が「地域ガチャ」の世界に変わっただけで、本質的に「誰も取り残されない教育」が実現したとは言えません。地域で、こうすれば誰も取り残されない教育が実現できる、というモデルができたのち、それを法律やシステムにしていくことができれば、どの地域に生まれても、どんな家庭に生まれてもその恩恵が享受できるようになる。

「奈良市は特別な地域」では終わらせたくない。まずはこの奈良市という中核都市で実験しながら「誰も取り残されない教育」のモデルケースをつくっていき、それを他の自治体、ひいては国にも広げていく。そのために持続可能なモデルをつくりたいと思っています。

そうした問題意識から、これまで私は教育機会確保法の制定に関わったことをはじめ、さまざまなアプローチで国、つまり文部科学省の取り組みにも関わってきました。本書でも繰り返し触れてきたように、日本の法律としては初めて「学校を休む必要がある子どもたちの存在」が明記された教育機会確保法の制定は大きな一歩ではあったのですが、まだまだ実際の教育現場に浸透しているとは言えないのが現状です。

しかし、それでも課題意識を持つ多くの人々が粘り強く文部科学省への提言や議論を重ねてきた結果、ここ数年は風向きが変わってきました。私が委員を務めている文部科学省中央教育審議会の初等中等教育分科会でも以下のようなやり取りがなされました。公式に公開されている議事録なので、話し言葉をそのまま書き起こして読みづらいのですが、そのまま紹介させてください（太字：筆者）。

【白井委員】白井でございます。今回の法令改正、皆さんもおっしゃっているように、教育機会確保法の精神に照らしても本当に必要なものであると考えております。是非ここで、いいきっかけとしてお願いしたいのが、この法令改正についても、それから、教育機会確保法の精神、中身についても、あまねくどのお子さんにも、それから、その保護者にも届くように、しっかり、これは本当に文部科学省に頑張っていただきたい。今、私も保護者として感じているのが、すごく不登校になったときの対応というところで親ガチャの世界、親がそういう情報に敏感で、いろいろな選択肢を提示することができるという親御さんだと、すぐに教育の場所が見つかるんだけれども、それがないお子さんというのが本当にどこも行く場所がない。

　でも、この間も児童生徒課で確認をしたら、**どうしてもそのクラスに合わないという場合、例えば隣のクラスだったりとか、あるいは、転校するというような選択肢というのもあり得るわけですけれども、そういうことを知っている親というのがまず、少ないですし、もっと言うと、子供は全然知らないというところで、行きたくても行けないクラスに行くか行かないかという選択肢しかないと思っている方々というのが、まだ圧倒的に多い**ということで、せっかくこういうすばらしい法令改正をしていただくので、**こういうことができますということ、それを本当にあまねく全ての子供たちと保護者たちに知らせることができたら、不登校の数というのはぐんと減ると考えております**ので、どうぞよろしくお願いいたします。以上です。

【千々岩児童生徒課長】白井委員から御指摘いただきました、**子供にも届くようにといった点につきましては、こちら正におっしゃるとおりだと思いますので、いろいろな形の周知の在り方というものは我々も考えていきたい**と思っております。

実はこれは大きな一歩だと思っています。なぜなら太字部分にも書かれているように、「いまいるクラスが合わなかったら、隣のクラスに移ったり、転校することができる」ということを改めて文部科学省が認めたことを意味するからです。

本書でも繰り返し紹介してきたように、フリースクールをはじめ学校以外の選択肢はどんどん増えてきていますし、それを増やすことに私も全力を注いできました。２０２４年８月９日に文部科学省から発出された通知においては、「義務教育段階の不登校児童生徒について成績評価を行うにあたっては、文部科学大臣が定める要件の下で、**不登校児童生徒が欠席中に行った学習の成果を考慮することができること**」という学校教育法施行規則の一部改正の方向性（太字筆者）が示されました。これにより、オンライン授業や自宅学習、あるいはフリースクールでの学習成果を、従来の学校教育における成績に反映させられることとなります。

フリースクールは増えているとはいえ、公教育に比べてお金もかかりますし、誰もが取りうる選択肢となるまでにはまだ時間が必要です。そんな中で、「他のクラスに移る」や「転校」といった、公教育の枠内で新たな選択肢を取れるということは、多くの子どもたちや親御さんたちにとって希望の光となるはずです。不登校やひきこもりの歴が長い子どもにとってはこれにプラスしたサポートが必要ですが、今まさに行きづらさを感じている子どもは、他のクラスや学校に移る選択肢を考えていい――これが浸透すると、この国で教育が受けられない子どもの数は大きく減るはずです。こうして地方から国へと公教育のあり方を変えていくことも、私にとって大事な取り組みの一つです。

特別対談

教育に「社会をかき混ぜる力」を取り戻すために

安宅和人×白井智子

特別対談　安宅和人×白井智子

この本を刊行するにあたって、ぜひとも意見交換をしたいと思っていた人がいました――「風の谷を創る（以下、「風の谷」）」を立ち上げ、その教育部門で4年以上にわたって議論を重ね、活動を共にしてきた安宅和人さんです。

本書でも触れたように、そもそも私があるべき「教育」のかたちをゼロベースで考えるようになったのは、安宅さんに声をかけていただいたのがきっかけです。いわば、本書の内容は、安宅さんなしには生まれ得なかったものなのです。

本対談では、そんな安宅さんと一緒に、改めて現代の教育の問題点と、これから進むべき道について考えます。

（司会＝PLANETS編集長・宇野常寛）

安宅和人（あたか・かずと）
慶應義塾大学 環境情報学部教授
LINEヤフー株式会社 シニアストラテジスト

マッキンゼーを経てヤフー。CSOを10年勤めたのち2022年よりZホールディングス株式会社（現LINEヤフー）シニアストラテジスト（現兼務）。16年より慶應義塾SFCで教え、18年より現職。データ×AI戦略、人材育成、大学基金、防災、空間づくりなど時代局面を踏まえたさまざまな公的検討に携わる。データサイエンティスト協会理事・スキル定義委員長。一般社団法人 残すに値する未来（風の谷を創る運動）発起人。イェール大学脳神経科学PhD。著書に『イシューからはじめよ』（英治出版）、『シン・ニホン』（NewsPicks）ほか

真面目な生徒ほど取り残される、現代の教育システム

――安宅さんは、現在の教育に対して、どのような問題意識を持っていますか？

安宅　めちゃくちゃたくさんあるのですが、一言でいえば、現在の学校は「授業を聞けば聞くほどこれからの社会で求められる本当に必要な力が身につかず、逆に休み時間や放課後しか必要な力が育てられない」。そんな状況にあると僕は捉えています。そんな教育システムって、おかしいじゃないですか。

特におかしいと思う点は、大きく4つあります。まず1つ目が、「時代に即した変化を果たせていない」という点です。日本の学校教育は１８７２年の「学制」の発布からスタートしました。他国に目を向けても、ドイツを除けばＧ７の国で義務教育制度が成立したのはおおむね19世紀後半のことであり、１５０年ほどの歴史しかありません。

では、各国がなぜ学校制度を整えたのかと言えば、大まかに言えば市民意識の

発生からフランスが共和国化したことから始まる国民国家化、そして国と軍の強化、いわば「富国強兵」のためですよね。そこまで日本も含め大半の国は領主と領民をセットにした、封建制度で、国家意識がない中、そのままでは隣国に負けると急激にかじを切ったのです。学校という制度は、そういった時代背景の中でつくられたわけです。しかし、その時代文脈はとっくに終わっていますよね。それなのに学校教育は根本的な部分で150年前から変化していないように思える。つまり、時代に即して変化できていない。そこが大きな問題だと考えています。

2つ目の問題は、「答え」ばかりを教えていることです。コンピューターに任せた方が何億倍も早く済んでしまう計算や、キーボードで入力した方がよっぽど楽な漢字の聞き取りを何十回とやらせる意味なんてありません。「この漢字はこうやって書くんだな」とか「この計算はこうやれば早くできるんだ」と知ることには意味はあると思いますが、同じことをひたすら繰り返させる時間があるなら、「どのような課題に答えを出すことに意味があるのか」、言い換えれば課題設定をする力を身につけてもらうための指導をすべきです。すでにある「答え」や「答えの出し方」ばかりを覚えても、人はこれからの社会で十分な価値を生み出せないです。

そして、「表現する力」を教えていないことが3つ目の問題。若い方々に限ったことではないかもしれませんが、「どう思っているの？」と問いかけても、「いや、特に何も……」という人ばかりになっていると感じています。本当に何も思っていない場合もあるかもしれませんが、自らの考えを表現する力を持っていない人ばかりになっていると。しゃべったり絵を描いたりと、表現の方法は何でもいいんです。とにかく自らの考えを表現しなければ何も始まらないじゃないですか。だけど、現在の教育では肝心の「表現する力」が身につかない。これも大きな問題の一つだと思っています。

４つ目の問題は「表現する力」に付随するものですが、「問題提起し、変化を起こすこと」についての教育がなされていないことです。問題に直面したとき、それを変えるためには、さまざまな人に「何を問題だと捉えているのか」「いかにそれを変えていきたいのか」を投げかける必要があります。そういった意味では人を見たり、場の雰囲気を感じたりする力はとても重要だと思うのですが、現在の教育では十分にそれを教えられていないうえ、その大切さすら認識も評価もされていない。今の学校でこれをやるとむしろ「問題児」化します。そういった人と人とのインタラクションに関することは放課後などの遊びの時間で学ぶしかないという状況です。

白井　本当にその通りだと思います。この対談の企画が立ち上がった際、すぐに「相手は安宅さんしかいない」と思ったのですが、いまの安宅さんの回答にその理由が詰まっていますね。

安宅　長らくデータサイエンス教育やＡＩの課題に向き合う中で、人間の特徴とは「有限であること」だと考えるようになりました。人間はコンピューターのようにさまざまな情報を高速で処理できないですし、長生きもできません。経験もずっとずっと有限です。ＡＩはキカイを移し替えていけば、２００年でも３００

年でも動き続けられるかもしれませんが、人間はせいぜい100年で死んでしまうわけですよね。数十の言語を身につけることはほぼ不可能ですし、専門化した大半の学問を同時に身につけることもできない。

そんな人間の価値とは何なのかというと、限られた時間の中で「その人だけの経験を重ねること」や「その人なりの興味を持つこと」だと考えています。有限な存在である人間である以上、何か特定のことに興味のベクトルを向けない限り、人間としての価値を生み出せないんです。

だからこそ、教育に課された使命とはそんな「心のベクトル」を育てることだと思っているのですが、それがまったくできていない。学校や教師はキカイに任せることができること、わざわざ人がやらなくてもいいことばかりにエネルギーと時間を費やし、重要な部分が休み時間や放課後任せになっているのが、現在の学校というシステムではないでしょうか。

「異質なもの」に触れ、心のベクトルを育む機会を

――個人的な感覚では、休み時間や放課後すら、「心のベクトル」を育む機能を果たせていないのではないかと思っているのですが。

安宅　たしかにそうかもしれません。「異質なもの」に触れることによって、興味のベクトルは育つと思っているのですが、今の学校では休み時間や放課後も含めて、異質なものを排除しようとする傾向があると思います。ただし、異質なものを嫌うのは人間の本質でもありますし、日本の学校に、そして現代に限ったことではありません。

本来、学校に通うということは、強制的にたくさんの異質な存在がいる場に身を置くということでもありますし、学校とはそういった環境を生かして「異質なものを受け入れること」を学ぶ場であるはずです。しかし、今の学校はその役割を果たせていない。

少なくとも、僕が幼少期に経験してきた休み時間や放課後には「社会」がありました。数学年を横断し、近所の小さい子の面倒を見て、みんなで遊び、他のまちの連中からの攻撃から守る「ガキ大将システム」のようなものがまだあり、そのシステムの中でさまざまな年齢の、さまざまなバックグラウンドを持つ仲間たちと遊ぶ中で、知らず知らずのうちに「異質なものと生きる」という社会の基本を学んでいたような気がします。現代の、特に都会においてはガキ大将を中心に形成される「ミニ社会」のようなものは消えつつあると思うので、そういった意味では放課後すらも機能していないのかもしれませんね。

――かつては社会の中で生きていくためのさまざまなスキルを、放課後に学んでいたということですよね。そういったスキルは学校行事や部活動の中で教えている、という考え方もあると思いますが、いかがでしょうか?

安宅　うーん……学校行事や部活動は、比喩的に言えば〝軍事教練〟となってしまっている印象があります。軍人として生きるための心構え――それはすなわち

「上官の指示には絶対に従う」ということですが——を教えることはできているかもしれませんが、これからの社会を生き抜くためのスキルが身につく場所にはなっていないのではないでしょうか。

白井　まさに「富国強兵」を目指していた時代の名残ですよね。学校行事や部活動での指導方法を見直そうという動きはありますし、すべて間違っていると言いたいわけではありませんが、まだまだいわゆる「ブラック部活」や「謎ルール」ははびこっています。

——では、「心のベクトル」を育むためには、どんなことから始めればよいのでしょうか。

安宅　義務教育においてということであれば、「本を読むこと」、つまりは自分なりに興味を育て「調べること」や「学ぶこと」の喜びを早い段階から知ってもらう必要があると思っています。調べたり学んだりすることを、インターネットや

ＡＩなどキカイと共に進めることも重要ですね。
10歳くらいであれば、コンピューター端末（ＰＣ、タブレット、スマホ）とインターネットの力をうまく利用すればどのようなことでもある程度は学べますし、それによって興味の幅も広がっていくと思います。そして、３つくらいのテーマに絞って、とにかくそのテーマを深掘りし続けるイメージですかね。

「小一の壁」から見えてくるもの

安宅　ただ、読み書きができない子どもたちに対するアプローチは、まだ浮かんでいません。人によって読み書きを覚えるスピードには差があるでしょうし、読むことが得意ではない子に「本を読もう」といっても、逆効果だと思うので。そこは考えていかなければなりませんね。

――そう考えると、早くから読み書きに親しんでもらうためにも、幼児教育を射程に入れたプログラムを考えていく必要があると言えそうですね。

白井　「小一の壁」という問題があります。これは保育所や幼稚園には楽しく通えていた子どもが、小学校に入った途端に学校に行けなくなることを指していて、多くの子どもと親御さんがこの壁に直面しています。

改善の余地はあるものの、日本の幼児教育や保育は一人一人の個性に寄り添ったものになってきているんですよね。多様な子どもを丁寧に寄り添う環境を整える方向が当たり前になっています。

しかし、小学校に進んだ途端、急に十把一絡げに扱われて皆と同じことができないことで劣等感を持たされることになるわけです。そういった環境の変化が「小一の壁」として表れているのだろうと思います。

やはり、小学校でももっと一人一人に寄り添った教育が必要なんですよね。本文の中でも触れていますが、書字障害を持っている子であれば、タブレットやPCで入力してもらえばいい。人に何かを伝えることが「書く」ことの主眼であって、「書く」ことが目的ではないはずです。やり方さえ工夫すれば、誰も取り残さない教育は実現できます。

安宅　智子さんがいればそういった教育はできると思いますが、僕は根本的にこれまでの仕組みで育てられた「先生」という存在に疑問を持っているので……（笑）。

白井　なるほど（苦笑）。たしかに学校だけではなくて、やはり先生の役割や機能も問い直さなければならないですよね。

安宅　学校の先生に求めるのは「愛」だけでいいと僕は思うんですけどね。子どもたちを愛してくれればそれで十分で、「素晴らしい」「すごいね」と言い続けることだけが重要なのではないかと。先生が子どもたちに与えるものの中で、唯一「花丸」だけに意味があって、「93点」とかには意味がないと思うんですよ。引き算はいりません。

口では「あなたたちは素晴らしい」といくら言っていても、「68点」とか点数を付けられたら、子どもたちは矛盾を感じるような気がするんですよ。「この人、本当に私のことを素晴らしいと思っているのか？」って。

白井　中にはそういったことから「自分は大事にされていない」と感じる子もいるでしょうね。自分を大事にしてくれていないと感じる人のそばにいると心がすさみますし、距離を置こうとすると思うんです。それは、自分の心を守るための本能的な行動ですよね。

そういった一人一人の子どもたちが持つ不信感が、46万人の子どもが学校に行けていない、という現状を生んでいるのではないでしょうか。もちろん、不登校の要因は先生への不信感だけではありませんが、大きな要因の一つだと思います。

安宅　小中学生のうち、46万人が学校に行けていない？

白井　はい。2023年度の小中学生の数は、全国で約923万人ですから一割弱が学校に通えていないということです。

安宅　なるほど。現在の義務教育システムの査定結果はすでに出ている、という感じですね。

白井　この現状を変えるためには、先生の役割も見直さなければならないと思っています。安宅さんの「愛だけでいい」という言葉は本当にその通りだと思っていて、私がフリースクールでやってきたことは、子どもたち一人一人の存在を「絶対的に肯定すること」がほぼ全てだったと言っても過言ではありません。それだけで、傷ついてきた子どもたちとの信頼関係が築けてしまう。言葉と行動で「何をしようが、私は一生あなたの味方だ」と示すことを意識してきました。

「校則」という謎の存在

白井　改めてお話を伺いながら、安宅さんと出会ったときのことを思い出しました。私が不登校の子や学校に馴染めない子たちに伴走する中で感じていた、言語化しきれていなかった教育の問題点を、安宅さんはずばずば言葉にしてくださったんです。

「いまの教育には問題がある」「教育を変えなければならない」と言う人は少なくないですが、私も含めて「いまある問題」に引っ張られてしまって、ゼロから教育を考えようという発想にはなかなかならなかった。でも、安宅さんは「本当に新しい価値を生み出すためには『これまで』をすべてぶち壊して、ゼロベースで考えていくしかない」という事実を、厳しくも優しく、突きつけてくれました。

いまあるものをすべてぶち壊すには、かなりの勇気が必要です。その勇気を持たなければ、日本の教育は変わりません。「未来を生き抜くためにはどういった力が必要なのか」「そもそも、未来はどうなるのか」といった根本的な部分を捉え直し、「人を育てること」についてゼロベースで考えるきっかけをくださったんです。安宅さんとの出会いがなければ、今の私はないと思っています。

そして、安宅さんとの出会いをきっかけに始まったわけですが、その過程では私が抱えていた問題意識、すなわち「現在の教育は『脳や身体のつくりを含め、一人として同じ人間はいない』という事実が前提になっていない」ことが明らかになったと感じています。教育の世界では、いまだに「すべての人間は、同じ内容を同じ方法、同じスピードで理解できる」ということが前提のシステムになっている。私の目にはそう映っています。学校制度が成立した150年前であればまだしも、科学が発達した現代において、その認識がアップデートされていないことはかなり大きな問題です。

安宅　ありがたいです。そして、僕は教育指導要領が10年に一度しか見直されないということを知って、そのシステム自体を根本的に変えていかなければならないと強く思うようになりました。めまぐるしく環境が変わる現代において、10年に一度なんて、あまりにも遅すぎますよ。

白井　時代に即していない謎の「校則」の存在も、同じ問題だと考えています。根拠なく子どもたちの人権を踏みにじるような校則はまだ存在していて、そんな校則が存在するために、学校に行けなくなっている子どもがいることを、実際にさまざまな学校に足を運ぶことで実感しました。改めてゼロベースで新たな教育をつくっていく覚悟を持ちましたし、それが急務であることを痛感しています。いや、校則に関する問題の方が根深いかもしれません。ある自治体の教育のトップに「校則を見直すことはできない」と言われたときは愕然としましたよね。

安宅　はっきりとした理由があるのであれば是非お聞きできればと思い、「あれだけ生徒たちが強い問題意識を持っている校則と制服を維持し続けなければいけない理由は何でしょうか？」と何回かお聞きしたら、絶縁されかけましたからね……。特別な価値観で動いている私立の学校であればともかく、公立の場合、ルールなんて、原則、社会の基本規範と六法全書があればいいはずです。社会の一員としての基本ルール、人に迷惑をかけない、人を傷つけない、騙《だま》したりしない、などを守り、社会の一員としての責任ある行動さえ取れれば、あとは大人同様に個人の自由であると僕は思っています。

基本的な倫理と、時代的なコンテキストに基づき、共通の取り決めごとを細々と暫定的に決めたものが法律です。しかもどんどんと変わる。このルールメイキングこそ学ぶべきなのに、実態としては多くの学校で何の明確なロジックもない、むしろ一人一人の違いを消し去ることを求める謎のルールがまかり通っている。許される髪型は3つだけ、スカートは何センチまで、全員運動部に入ることなど、どういうロジックなのか誰もわかっていないことを強制している。「民主主義」の教育ではなく、どちらかといえば「全体主義」の教育に寄っているのです。全体主義とはなにかといえば「個人の自由や社会集団の自律性を認めず、個人の権利や利益を国家全体の利害と一致するように統制を行う思想または政治体制（Wikipedia）」です。

「なぜ、今の時代にガイドライン以上の校則や制服が必要なのか」「社会の基礎的なルールと標準服だけじゃだめなのか」と聞かれて、筋の通った答えを言語化して返してくれた中高の先生にお会いしたことはありません。よくいわれる「統一感と平等性」という話には大きな論拠はないのです。これらのやり取りを通じ「校則や制服が必要なしっかりとした理由なんてない」と確認できたことは大きかったですが、自分たちが課しているルールが存在する理由を説明できない人が、誰かを育てるのは間違っていると思いますね。

「ルールやシステム自体が古くなっているので、変えていきませんか」と提案しても、多くの方は「学校というシステム自体が古いので、変えられない」と言うわけです。しかし、先ほども言ったように、学校というシステムができたのは150年前ですよ。社会に存在する大きなシステムの中では、かなり新しい部類です。そういった意味で別に古くもないシステムを「変えられない」なんて、僕には理解できないですけどね。

教育は「格差の再生産システム」になってしまった

――ここまでのお話を聞いてきて、教育の変えがたさ、あるいはそこに潜む問題の根深さは、究極的には地域社会の自治に関する問題に起因するものではないか、と感じました。自治体において「国家」につながっているのって、教育だけなのではないかと思っていまして。教育長が大きな権力を握っているのも、教育が国家的なイシューであると認識されているからこそだと思うんです。自治というレイヤーから変えていかないと、教育の問題は解決できないのではないでしょうか。

安宅　同感ですね。地域における精神的な共有財を生み出すのは、小中学校とお祭りくらいなのではないかと思いますが、現状では都市部だけでなく多くの地域でそのどちらも機能していませんよね。地域社会が衰退している理由はそこにもあると思います。

白井　かつて地域社会において、「開かれた学校」として小中学校はとても大きな役割を果たしていました。しかし、２００１年に発生した附属池田小事件の影響で、多くの小中学校はその校門を閉じてしまった。そこから地域社会と学校の分断が始まった感覚があります。

――比喩的に言えば、学校で「世間」は学べるけど「社会」は学べない、ということだと思うんです。鈍感なふりをして、場の空気に合わせて何かをやり過ごすことは学校生活の中で経験的に学べるかもしれない。しかし社会生活の中で必要とされる、文脈を共有していない相手と交渉して何かを実現する力や自分の居場所を確保するためのスキルは、学校生活に適応すればするほど身につかなくなってしまうような気がします。

安宅　そう思います。たとえるなら、いまの学校にはたい焼きの型しかないんですよね。学校というシステムは全員に対して、たい焼きになることを強要している。その中で「いや、僕はパンケーキになりたいんだ！」という子どもがいると「いや、お前もたい焼きになるんだ」と型に押し込めようとする。そして、その型にはまれない子には「落ちこぼれ」の烙印を押しているような状態だと思うんです。

でも、未来のことを考えれば、たい焼きばっかりあってもしょうがないわけですよ。余っちゃいますからね。それに、社会で生きる上で必要とされるのは、決して「用意された型にはまる力」ばかりではありません。そういった意味で、宇野さんが言われる通り「学校生活に適応すればするほど、社会で求められる力は身につかなくなってしまう」。

――子育てをしている同世代の友人たちを見ていると、経済的に余裕がある世帯は子どもを海外に脱出させているんですよね。対して、余裕がない世帯は文句を言いながら日本の学校に子どもを通わせている。さらに、その中にも格差はあって、私立の進学校に通わせられる世帯とそうではない世帯が存在しています。

私立の進学校という選択肢がない地域に目を向けると、理系の子どもであればとりあえず最も偏差値の高い高校に入り、「頭がいいから」という理由で医学部を受ける。頭がよければよいほど、昔ながらの〝階級が高い〟職業に就き、その子どももまた……というサイクルがあるように思います。つまり、東京でも地方でも、教育がむしろ「格差の再生産」に寄与してしまっているような気がするんです。

安宅　完全にその通りですね。教育がこれほど「格差の再生産システム」になってしまったのは、日本の近代史上初めてのことなのではないでしょうか。最近読んだ本の中で、親が子どもに対して「お前、あそこに行けばタダで勉強できるらしいから行っておいで」と戦前学校に行かせていたことが紹介されていたんです。おそらく、戦前までの学校は経済的な格差にかかわらず、勉強することに向いている子を引き上げる役割を担っていたし、社会的にもそういった認識があったのではないかと思います。

でも、いまは違いますよね。育った立地的、経済的に恵まれた家庭に生まれた子どもだけが恵まれた環境で勉強できる、というひどい仕組みになっています。オリンピックを見ればわかる通り、統計的にはどんなヒトも数%のパフォーマンスのゆらぎは毎日あるのに、多くの学校の入学選抜では一点差でヒトを選びます。そのヒトの未来のポテンシャルではなく、受験日の運を見ているということです。共通テストに始まる大半の国公立の入学システムはその典型的な例です。そのための特殊訓練は当たり前ですが、優れた講師や生徒の集まる塾や予備校に通うことのできる、大都市圏かつ余力のある家の子どもが圧倒的に有利です。

慶應義塾は「門閥制度（身分制度）は親の敵（かたき）でござる」とまで語った福沢諭吉によって創設されたわけですが、そんな義塾でさえ現在はすっかり格差の再生産システムに組み込まれてしまっている。もちろん、経済的に裕福ではない家庭に生まれた学生もいますが、その割合は小さい。それは慶應に限ったことではなく、東大も京大も早稲田も同じ状態だと思います。僕が勤めている慶應義塾大学SFCは、AO発祥の地であり、一般入試も含め、なんとか未来を生み出せるポテンシャルのあるヒトを必死に探そうと努力していますが。
つまり、教育が本来持っている「社会をかき混ぜる力」が極端に落ちている。そしてこのことは、社会の生命力を奪う危険があると思っています。教育のすべてがお金に結びついてしまったことによる、大きな弊害ですよね。

――そういった現状を打破するために、AO入試に力を入れようという向きもありますが、家庭の経済的な格差が子どもの「経験格差」を生み、経験重視のAO入試ではより一層格差が広がってしまうという懸念もありますよね。

安宅　僕はAO入試の面接官をすることもよくありますが、当然AO入試に力を入れさえすれば、格差が埋まるわけではないと思いますし、制度の運用次第では理想とは逆の方向に力が働いてしまう危険性もあると思いますね。

「学ぶ喜び」を取り戻すために

――教育に「社会をかき混ぜる力」を取り戻すために、どんなことから始めるべきだと思いますか。

安宅　何でも好きにやってもいいのだとすれば、僕なら5年くらいかけて「教える人」を総取っ替えしますね。実現可能性はさておき、いま学校で先生をしている人と会社勤めをしているような人たちと段階的に入れ替えていく、教育サイドの人も何年か普通のシゴトをやっていただくだけで、彼らが戻ったとき、教育現場はかなり元気になるような気がしますね。このかき混ぜの仕組みを恒常的に埋め込みたい。

あとは、すべての教室から教壇を取り除きます。先生が教壇から一方的に教えるような授業は一切やめて、子どもたちにコンピューターと高速回線を与え、まずはその使い方を教えます。そして、一人でもグループでも構わないので、自分がやると決めたことを多くの時間で追求してもらうようにするでしょうね。

さらに言えば、そこに年齢の異なる子どもたちがさまざまな活動に一緒の空間で取り組めるようにし、さらに大人を混ぜたい。同学年の子どもたちだけで集まって授業を受けること自体が、不自然だと思うんですよ。社会に出たらそんな環境はあり得ない。だから、子どもたちが「この人から学びたい」と思った仲間や大人から何かを学ぶ時間を確保するようにしたいです。

インターネット上にはいろんな大人がいるわけですから、子どもたちは「この人に何かを聞きたい」と思う人を見つけますよ。橋渡しは学校側がサポートする必要があると思いますが、何人かに「教えてください」と打診すれば、快諾してくれる人は少なからずいると思うんです。6歳の子どもから「宇野さん、15分でいいからこのことについて教えてください」と連絡が来たら、宇野さんもZOOMを開きませんか？（笑）そのような感じで、学ぶということはこんなにも自由なんだということを感じてもらいながら、学ぶことの喜びを知ってもらいたいと思います。10歳までには、さまざまなことを「楽しむ力」を育んであげたいですね。

白井　私も安宅さんの考えとほぼ同じですね。大事なことは、いまお話しいただいた教育をいかに実装するか。私は既存の教育の内側でも外側でも、それが可能だと考えています。官民を問わず、これまでの教育を問い直し、新たな教育をつくろうとするプレイヤーが増え始めています。

とにかく行動をし、うまくいかないことはできるだけ早く変える。アップデートし続ける。現段階で重要なのは「ライトに始めて、ライトに変えていくこと」ではないでしょうか。教育という大きなものを変えていくことは、当然簡単ではありません。でも、だからといって手をこまねいているだけでは何も始まりません。いまはとにかく新たな価値を創造するための端緒をつかまなければならない。そのためには、とにかく手数を増やすことが大切だと思っています。官民を問わず志を持つ方々と、さまざまなチャレンジを続けていきたいですね。

終　章

5

おわりに

教え子たちとの再会

2021年の秋のある日、私はとある街へと向かいました。

そこには、沖縄時代の教え子たちが集まっていました。

その子どもたちと初めて出会ったとき、私は26歳でした。

あれから、30年あまり。当時私と過ごした子どもたちは、すでに40代に差しかかり、子どもを産み、育てている世代です。そのうちの一人は、いま、私の仕事を手伝ってくれたりもしています。

その日はそんな教え子のうち一人の家にかつての教え子たちが集まり、ちょっとしたお泊まり会のようなものが催されました。それは全国各地から、10人弱の〝家族〟が大阪に集まった会でした。その中には、この30年のあいだ、よく連絡を取っていた子もいれば、大人になってから初めて会うような子もいました。自分の子どもを連れてきている元生徒もいました。

そんな教え子の一人が自らの子どもに「この人は、ママの校長先生なんだよ」と私のことを紹介したとき、子どもたちは不思議そうな顔で、まじまじと私を見つめました。たしかに、生徒たちを送り出してから30年も経った後も、元生徒たちとのお泊まり会に参加する校長は、珍しい存在なのだと、そのときに気づきました。

お味噌汁の味が教えてくれたこと

私が彼女らと「先生と生徒」という関係性だったのは、2年半ほどの期間でしかありません。しかし、その時間は私にとっても、そして彼女たちにとっても間違いなく、大きな意味を持つ時間だったのだと、このとき改めて感じました。

その日の夜、教え子たちはフリースクールにいた頃のことを話してくれました。あの学校がはじめて居場所になったこと、初めて「仲間」と言える存在に出会えたこと、そしてあの学校がなければ、間違いなく今の自分は存在しなかったこと……。

私にとっても、あのフリースクールで過ごした2年半は激動の日々でした。本当にいろいろなことがありました。このとき30年越しに彼らが告白したように、当時あの学校に集まっていたのは居場所を探していた子どもたちでした。まだ26歳の若いオネエチャンだった私が、手探りの中でとにかくこれだけはと思ってやったこと。それは一人一人の子どもの存在をまるごと肯定することでした。

ただ、あのフリースクールが存在していたことが、そこで私が取った行動が、生徒たちの人生にとってどんな意味があったのかは、わかっていませんでした。その意味に気がつかせてくれたのが、そのお泊まり会だったのです。

その夜は、アメリカに住む教え子などともZｏｏｍをつなぎながら、互いの近況報告や思い出話で大いに盛り上がり、気付けば夜中に。朝、みんなで目を覚ましたあと、教え子が朝食の一品として、お味噌汁を用意してくれました。身体にじんわりと染み入るお味噌汁は、楽しい夜ふかしに伴う心地よい疲労を癒やしてくれると共に、涙と笑いに満ちたあの日々が、そして、私の葛藤と暗闘さえも、たしかに彼らの人生の中で意味を持っていることを教えてくれました。

自らの存在の輪郭をつかみ、自らの生に希望を見出してもらう――私が2年半の間にやっていたのは、そういったことだったのではないかと思います。あれから30年という時間が経ち、40代に差しかかった教え子たち自身から、その答えを教えてもらうことになりました。このとき、私がフリースクールで経験したことやそこで考えたこと、そして、その学校が教え子たちの人生にどのような意味を持っていたかについて伝えることが、かつての教え子たちのように既存の教育に馴染めず悩んでいる子どもたちにとっての希望になるのではないかと感じたのです。

偉くならなくていい、必要以上にお金を稼がなくていい。人がその人らしく、自分の人生を自分で選び取った実感を持って、日々の小さな幸せも失敗も悲しみも怒りも、味わいながら人生を楽しむことができれば、そんな人生が重なり合って、人と人とが支え合う社会が出来上がっていくのではないかと、思うのです。

あとがき

ああ、長かった……ＷＥＢメディア『遅いインターネット』に載せていただいたインタビュー記事（〝白井智子　―　ゼロから考え直す「教育」のかたち〟、遅いインターネット、https://slowinternet.jp/article/valley-of-wind07/）への反響、「もっと読みたい」という声をたくさんいただいて、「この続きを書きたい」とＰＬＡＮＥＴＳ編集長の宇野常寛さんに相談したところから、この本をつくるプロジェクトが始まったのが２０２２年1月。ひとつひとつ、言葉を紡ぎ、磨いていく作業の中で、新たな気づきがたくさんありました。

実はフリースクールの校長として日々現場で子どもたちを一人一人受け入れていた頃は、こんな本を書こうという気持ちは起こらなかったのです。フリースクールを見学に来た時点では自己肯定感が低い状態でも、通い始めるとみるみる回復し、自分に自信を持って成長して巣立っていく子どもとばかり出会っていたからです。

この本を書きたいと強く思うようになったのは、フリースクールの現場を一旦離れてNPOの業界団体の代表という立場になり、教育現場との直接の接点が我が子の学校との関わりに限定されてからのように思います。

クラスに行けなくなった背景に関係なく、ただただ保健室登校を勧められたけれど、そこに行ったところで学びも楽しみもなく、自己肯定感が下がっていくばかりという子どもたち。学校に行っていない日は外に出るなと親に言われ、そのままひきこもってしまう子どもたち。学校に行けないからこそ、むしろ外とのつながりを切らずに保ち、居場所を増やしていくことの方が大切なのに。

今までの不登校対応は、子供の自己肯定感を下げ、社会とのつながりを断ち切ってしまうようなものが多かったことを、改めて思い出しました。

そんなところに、我が子の行き渋りも起こりました。学校で、特定の子どもからのちょっかいが度を越して、叩かれたり蹴られたりする。泣きながら、学校に行きたくないと訴える我が子。

ちょうどYUME Schoolの打ち合わせがあったので、理事長に相談したところ、いつでも見学にいらしてくださいと言われ、さっそく翌日の見学を予約しました。

そして学校に出向き、明日はとりあえずフリースクールの見学に行ってみますと伝えつつ、校長先生と担任の先生に対応を相談しました。「子どもから様子を聞くと、どうも発達課題も絡んでいるように思えるが、加配（編注：障害のある子どもや集団生活を送るにあたって、困りごとを抱えている子どもに対してサポートや援助ができるよう、通常の職員数に加えて先生を配置すること）の教員を配置することはできませんか」と尋ねると、「募集しているが応募がないのです」と。「大変申し訳ないが、とにかく、管理職、学年の先生も含めて教員全員で対応し、状況を改善するように努めるので、それを見に来てほしい」とのことでした。

翌日YUME Schoolの体験に行き、感想を聞くと、「楽しかったし近くにあったら通いたい、でも通学に1時間かかるんだよなー」と。対して5分で行けるけれど課題がある学校とどちらに行くか考えて、翌日は地域の学校に出かけ、そして夕方、前日よりも明るい顔で帰って来ました。「学校側の誠意を感じた」と言うのです。ちょっかいをかけてくる子に対して、先生方が丁寧に「それは違うよ」と止めてくれて心強かったと。そこからまた元気を取り戻し、今もさまざまな課題を感じ取りつつも、楽しそうに地域の学校に通っています。

選択肢があることによって、本人、親のみならず、学校も、余裕を持って冷静に対応できることを実感する出来事となりました。そして、そんな選択肢にアクセスできることも、まだ情報を持っている親の子どもに限られた、親ガチャの世界であることにも、忸怩たる思いを感じました。また、このプロセスの中で、隣の学校への転校も真剣に検討したことは、この本の第四章に記した政策提言を生み出すきっかけにもなりました。

実は、「学校に行かなくても大丈夫」というメッセージを提示されて終わってしまい、代わりの学びにつながれない子どももたくさん出会ってきました。それが、国としてもはや実態も把握しきれないほどのひきこもり状態を産んできたのです。ひきこもって長い期間が経っている子どものためのケアは別に必要ですが、行き渋った時点で学びの選択肢を提示することができれば、新しく不登校になる子どもの数はぐっと減るはず、ということを考えるようになりました。

当初は、もっと現状批判的な内容が強い内容だったのが、色々な出来事が起こる中で、どうもしっくりこない、伝えたいのはこんなことじゃないはず……と書き直しを続け、その間にも、この本に書いてきたことを保護者として追体験したりして、また書きたいことが増え……そんな中でバラバラとしていた考えがまとまってきて、とにかく「学びの選択肢がない子どもをゼロにしたい」という強い思いが原動力でこの本を産み出そうとしていることが自分の中で腹落ちするのに、2年半もの月日がかかったことになります。

自分自身でもこれはいつまとまるのだろうと、終わりが見えない作業に思えたのですから、編集に関わってくださるみなさんには、どんなにか胃が痛い思いをさせてしまったのだろうと想像します。この間、私のああでもないこうでもないに辛抱強く寄り添ってくださったPLANETS編集部のみなさんに心から感謝申し上げます。

過去の痛みを伴う話を何度も読み返して言葉を磨いていく作業は想像していた以上に辛く、身を削るような思いがして、本音を言えばずっと逃げ出したい気持ちでいました。どうしてこんなに辛いんだろうとネットで調べる中で、「陽キャの

HSP」というカテゴリーに自分が当てはまるとハッと気づいたりもしました。たくさんのHSPの子ども達と出会ってきたと思っていたけど、実は自分自身もそうだった！（笑）というのも、この本を産み落とすプロセスの中での、ごく最近の気付きです。ひとのことはよく見えるけど、自分自身のことをメタ認知するのはとても難しい。

この2年半の間に不登校のこどもの数もますます増えていきました。その中で、この本に登場した子を含め、複数の教え子たちが、子どもたちのための新しい学びの場を全国につくろうと動き出してくれていること、とても心強く嬉しく思っています。

私自身もこの本に書いたことを実現すべく、新しく「こども政策シンクタンク」を設立しました。また、フリースクールのニーズがこれだけあるにもかかわらず、そこで子どもの対応ができるスタッフが足りないのは、この国の教員養成の過程で、凸凹があったり心に傷を負ったりした多様な子どもの対応ができる人材を育てるという視点で教員養成がされてこなかったからだと気づき、教員養成の活動もしていきたいと考えています。大人が死ぬまで学び続けないと子どもたちが成長できないとこの本に書いた通り、私自身も死ぬまでアップデートしていきます。

この世に生まれてきてくれたすべての子どもが、一人残らず、自らの才能と情熱を解き放てるような世の中になるように。この本に書き連ねた辛い話も、できるだけ早くに、歴史上の、懐かしい話になっているようにと願って。

未来の子どもたちに、この本を捧げます。

２０２４年10月20日

白井 智子 しらい ともこ

1972年千葉県生まれ。4〜8歳を豪・シドニーで過ごす。東京大学法学部卒業後、松下政経塾に入塾。1999年沖縄のフリースクール設立に参加、校長をつとめる。2003年、NPO法人トイボックスを立ち上げ、大阪府池田市と連携して不登校の子供のための全国初の公設民営フリースクール「スマイルファクトリー」を設立。東日本大震災後には福島県南相馬市に「みなみそうまラーニングセンター 」「はらまちにこにこ保育園」「錦町児童クラブ」等を立ち上げ。2020年から2期4年、NPO等ソーシャルセクターが加盟する新公益連盟の代表をつとめた。現在はこども政策シンクタンク代表として現場からの政策提言と新しい教育の選択肢をひろげる活動を並行して行っている。中央教育審議会等の有識者会議委員やTBSひるおびのコメンテーターなどもつとめる。

脱「学校」論：
誰も取り残されない教育をつくる

2024年12月31日　第1刷発行

著　者　白井智子
発行者　宇野常寛
発行所　株式会社PLANETS／第二次惑星開発委員会
http://wakusei2nd.com/
Info@wakusei2nd.com

ブックデザイン　池田明季哉
扉イラスト　池田友美
DTP　坂巻治子
構成　鷲尾諒太郎
編集　小池真幸
校正　東京出版サービスセンター
印刷・製本所　モリモト印刷株式会社

ISBN：978-4-911149-02-7 C0037